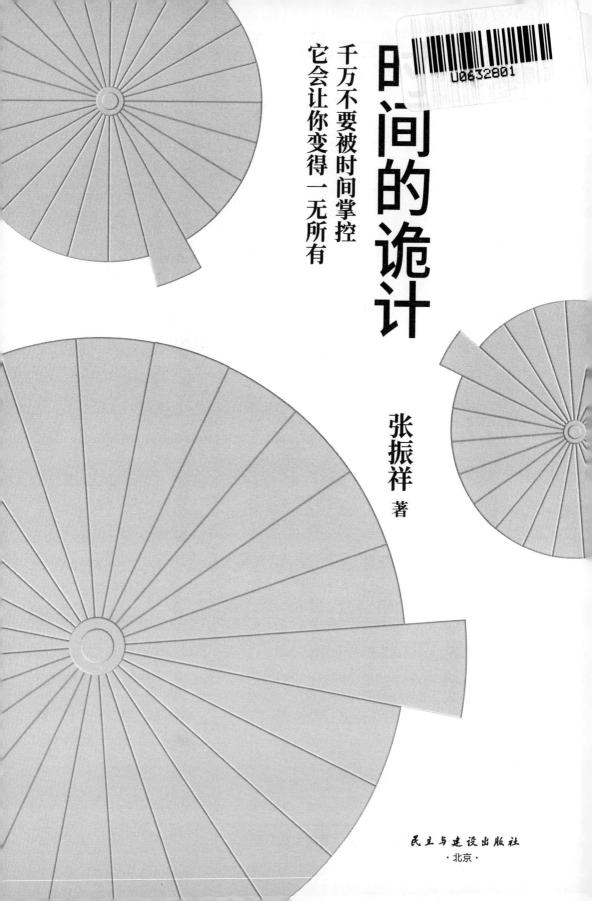

时间的诡计

千万不要被时间掌控
它会让你变得一无所有

张振祥 著

民主与建设出版社
·北京·

©民主与建设出版社, 2022

图书在版编目（CIP）数据

时间的诡计：千万不要被时间掌控，它会让你变得
一无所有/张振祥著. --北京：民主与建设出版社，
2022.10

ISBN 978-7-5139-3933-1

Ⅰ．①时… Ⅱ．①张… Ⅲ．①时间—管理—通俗读物
Ⅳ．①C935-49

中国版本图书馆CIP数据核字(2022)第151148号

时间的诡计：千万不要被时间掌控，它会让你变得一无所有
SHIJIAN DE GUIJI QIANWAN BUYAO BEI SHIJIAN ZHANGKONG
TA HUI RANGNI BIANDE YIWUSUOYOU

著　　者	张振祥
责任编辑	王　颂
封面设计	车　球
出版发行	民主与建设出版社有限责任公司
电　　话	（010）59417747　59419778
社　　址	北京市海淀区西三环中路10号望海楼E座7层
邮　　编	100142
印　　刷	三河市宏顺兴印刷有限公司
版　　次	2022年10月第1版
印　　次	2022年10月第1次印刷
开　　本	710毫米×1000毫米　1/16
印　　张	12.5
字　　数	110千字
书　　号	ISBN 978-7-5139-3933-1
定　　价	49.80元

和解，面对时间最大的觉悟

管理好心智，管理好精力，管理好与社会连接的方式……

你翻开的可能是一本最具有颠覆性的时间读物，让人觉得颠覆的就是这些跟时间和解的途径。和解是我们面对时间最长的觉悟，实际上在时间面前我们别无选择。

关于时间，我们最应该丢弃的就是管理的念头，这是一本关于自我觉醒的书，我们觉醒后的目标是时间的价值。觉醒的路径是勘破时间的诡计。这是这本书将要展现给你的核心理念。

跟时间相处的方式，这是我们关注和讨论的重中之重。在时间面前，一直以来我们都活得太拧巴、太斤斤计较。我们总是在算计着多与少，费尽心力想要降伏它，或者温和一点的说法是管理它。可是时间根本就不可能被管理，但是却透着乐意被管理的温和。

时间亦正亦邪，像是一个谜，就像斯芬克斯。有时人面狮身；有时羊头狮身；有时鹰头狮身；有时是长着翅膀的公牛，长着人面、络腮胡子、戴着皇冠，睿智而又威严。它就静静地端坐在我们面前，带着一个谜，等我们去参悟。觉者福报无尽，迷者一事无成。

我们尽可以琢磨出各种法则，但是时间自有规则。它的规则就是，要么我们勘破时间的逻辑，摸清时间的底牌，以它的规则跟它相处，要么什么都别想得到。没错，时间它有自己的倔强和高傲。睿智、公平，慈悲但绝不宠溺。

面对时间，我们还有什么可管理的？我们唯一能管理的就是自己奋进的方式。该给的，时间不会有一点的犹豫和吝啬。而得到什么则取决于我们跟时间相处的方式，我们需要觉醒。而最大的觉悟就是跟时间和解的观念，这是我们面对时间本该有的态度。

为什么要跟时间和解？

怎么才能最大限度地达成跟时间的和解？

这是我们这本书全力解决的两大问题，第一个问题偏重于认知，第二个问题偏重于方法。这可以看作我们谋求时间价值最大化的道与术，它们之间不存在哪个更重要的问题，我们不能在它们中间做选择。我们两个都需要，这两个问题都必须解决好。为了把为什么要跟时间和解彻底说清楚，我们选择了时间荒和时间狂作为切入点。一个是极端的现象，另一个是疯狂的行为，通过它们我们更能感受到和解的必要。

和解是我们面对时间的最优解，勘破时间的诡计，摸准时间的底牌，洞悉时间的逻辑是我们跟时间和解的筹码。这是我们勘破时间诡计的第一法则，勘破不是为了拿捏，而是为了更好地相处。为此，我们设计了几条路径：目标路径、注意力路径、精力路径和协作社交路径。这些内容看起来跟时间并没有直接的关系，但是我们在这些方面的每一个细小的改变都和时间的价值紧密相关。另外，作为一个隐藏的重要路径，关于为什么要跟时间和解的阐述将会贯穿整本书的内容。毕竟道与术不是彼此割裂的两个部分，而是相互印证的一体两面。这个路径我们叫作：认知路径。

C 目　录
ontents

第一章

所谓时间荒，不过是时间撒的谎

几种情况告诉你正在遭遇时间荒

我知道你为什么要读这本书，我也知道，你在这里要寻求什么。坦白说，当我知道你在读的时候，我不知道该向你道喜还是先表示一下同情。但是，这些都不重要。我现在最想做的事情就是向你表达我最深的感谢。一整天都在担心自己的时间不够用的人，却肯花时间来读这些文字。

我也要表示一下同情，因为你肯定是每天都在为自己的时间不够用而感到烦恼。而肯在自己所认为的稀缺资源中，拿出一些时间来"冒险"，就说明了这个问题对你困扰的程度。这也是我经历过的，我对这种感觉非常地熟悉。

没错，曾经的我也被这个问题深深地困扰着。总是感觉仿佛有永远也做不完的事情。甚至有种错觉，自己的一天肯定要比别人少几个小时，因为我的时间是那么的稀缺。这让我感觉非常的不舒服，我无法接受天总是黑得那么快，我不能接受一转眼的工夫就又到了周末。我恨不得把所有能够告诉我时间的东西给遮挡起来。因为每次看到它们，时间都比我以为得要更晚一些。像极了美国教育学家苏斯博士（Dr. Seuss）所总结的那样："下午未来，深夜先至。6月未来，12月先至。我的天哪，时间何以如此飞逝。怎么这么快就已这么晚？"好吧，坦白说，当我第一次读到这些话的时候，我十分确定这就是我想要表达的意思。同时，现在我也相信处在同样处境中的你，也会有跟这相类似的感觉。

如果真的有这种感觉的话，那么不出所料，我们真的是遭遇了同样的麻烦。我们都遭遇了"时间荒"。"时间荒"更倾向于对现象的叙述，更接近于某些人对于时间的感受。其本质更像是时间撒的一个谎，时间本身从来不曾改变，但是它成功改变了我们的体验。

"时间荒"是一个相对比较时髦的词，一些学者用它来定义这种从来没有足够的时间做自己想做的事情的紧张感。这种紧张感会让情况变得越来越糟糕。当它已经严重影响到我的情绪，使得我们处理问题的水准和速度都大打折扣的时候，感觉就变成了焦虑。每当处在这种焦虑的折磨之中时，恍惚觉得自己又回到了很多年前泡在网吧里的感觉，那种看到电脑屏幕上所剩无几的时间后冲着网吧管理员大喊"再来两个小时"的冲动就变得非常强烈。但是，现实就是那么尴尬。我们现在的生活并不是在网吧里，也不是在某一款游戏里。"再来两个小时"的愿望越是强烈，就越是感到无奈，理智告诉我们这不可能，虽然我们愿意为此支付包括金钱在内的任何代价。

"再来几个小时"，我们知道这绝无可能，但是还是会下意识地这么想。其实这种本能的想法，也并不是完全没有道理。因为，我们真真切切地看到身边有些人貌似并不怎么忙碌，最起码看起来比我们要轻松、惬意很多。但是他们要解决的问题和要处理的工作并不比我们少。往往就是这些看起来比我们轻松的人，他们的工作相较于一刻也不敢停歇的我们还要出色很多。这让我们所有正在经历着"时间荒"的倒霉蛋们坚信，肯定有什么不为我们所知的秘密已经被他们掌握。

那么，到底有没有呢？如果有，那又是什么呢？这是我们在接下来的探讨中会慢慢接触到的。在做更进一步的探讨之前先来确定一下我们是不是真的正在经历"时间荒"，那么看看下面这些问题，你会对自己的状态有一个更加清晰的认识：

1.你最近一段时间的休息状况如何，是不是总是感觉睡眠不够？

2.你是不是很久都没有跟好朋友们好好聚一聚了？

3.你的家人最近是不是经常抱怨你没有给予他们足够的关心和重视？

4.是不是总是来不及静下来仔细考虑自己的工作和生活？

5.是不是等到下班的时候才发现还有很多的事情没来得及处理？

6.是不是总是习惯性地看表，担心自己的时间不够用？

7.精神状态怎么样？是否总是无法集中精力处理一些问题？

8.会不会对时间方面的提醒感觉焦虑和恐惧？比如下班时间等。

9.自我满意度如何，是不是不愿意或者害怕对已经结束的一天进行回顾？

当然，上面所列出来的九种日常的表现，并不是正在经历"时间荒"的人所表现出来的全部。但是也足够我们来对自己进行一个大致的判断。如果在这九项当中你占了任意的五项，你恐怕已经遭遇了"时间荒"。如果你的五项当中包含了1～4项，那么可能只是对时间的困境感到紧张和不适。如果你的五项集中在5～9项，那么很遗憾你已经由紧张和不适上升到焦虑了。如果这九项当中你占了五项以上，那就太糟糕了，你对于时间的焦虑已经非常严重了。就像我曾经经历的那样，生活和工作已经将要处于崩盘的边缘了。

感觉时间不够用是果，感觉时间用不完是因

如果说，"时间恐慌症"根本就不存在，其实就是我们的一个错觉。或者说我们感觉不够用的真正原因恰恰是我们觉得时间太多了。这么说，可能从理智上并不那么好接受。这需要我们从社会科学的角度来深入了解"时间恐慌症"出现的深层次原因。

我们先来考虑一个问题：为什么我们会遭遇"时间恐慌症"？

要回答这个问题，我们不妨从几个角度进行思考。

1. "时间恐慌症"是怎么产生的？

2. "时间恐慌症"是什么时候形成大规模的症候群的？

3. 从社会工作类型上来看，"时间恐慌症"症候群具备什么样的共同特征？

4. "时间恐慌症"，除了我们讨论过或者正在经历的各种负面作用以外，有没有有利的一面？

如果我们能够通过自己的思考解答上面的四个问题的话，应该就可以体会到那种绝处逢生的狂喜。"时间荒"还有一种叫法是"美国式的时间荒"，因为它的提出源于20世纪90年代美国学者朱丽叶·斯格尔在《过度消费的美国人》和《过度劳累的美国人》这两本书中的描述。作者在书中对美国大众当时的生活和工作状态进行了较为详细的描述，针对当时民众这种忙得整天像陀螺一样，但是仍然觉得时间不够用，整天搞得身心疲惫却对自己的工作越来越不满意，对未来越来越感到迷茫的状态提出了"时间荒"的概

念。从生产力和生产方式的变换、社会分工和社会制度等角度入手，具体分析了"时间荒"社会化的几个原因，当然也提出了一些解决的建议。不过，我们无法在这里进行全面的解读。而且对于正在经历"时间恐慌症"的和你我一样的普通又平凡的个体来说，实用性并不是很大。

那么，有没有对我们来说非常有用的分析呢？还真有，我在极度的绝望和迷茫中四处寻找这个救命的稻草。终于有一天看到了关于时间荒形成原因的一个非常有意思的提法。在分析时间荒形成的原因时，我看到了"非制度性工作时间在增加"的说法。怎么理解这个"非制度性工作时间"，最简单的方法就是仔细观察一下我们身边的人，那些工作在流水线上的工人，可能他们的工作量、工作时间和工作强度比我们还要大一些，但是却不太容易遭遇"时间恐慌症"。他们可能会感觉到累，但是那种累并不是我们所说的"时间恐慌症"。那些在工头眼皮子底下干活的建筑工人，他们也很累，但是也不太容易受到"时间恐慌症"的困扰。因为，他们的工作不管是轻松也好、繁重也好，都是在制度下工作的。他们的"非制度性工作时间"并不多。如果感觉这么对比还不够明显的话，我们再来说一个例子：同样是照顾孩子，做家务。如果是请一位保姆来做的话，她基本上也是不会受到"时间恐慌症"的干扰的。但是如果让一个全职太太来做，她很快就会感觉时间不够用了。如果你家里有一位全职太太，你这种感觉就会非常明显，她可能会经常跟你说："时间都到哪里去了？我一天忙到晚，还是有那么多的事情做不完。"

同样的工作，不一样的感觉。这就是因为保姆是在制度下工作的，而全职太太不是。如果再深入一点思考的话，我们不难发现相较于"制度性工作"而言，"非制度性工作"感觉上拥有更多的自主、自由的时间。虽然客观上来说，谁的时间都不可能比别人多，但是感觉上就是这样。所以，单从个体时间运用上来看，"时间恐慌症"的根本原因是我们在进行"非制度工作"时，主观上我们会感觉自己可用的时间比客观可用的时间要多一些。这是我们的本能感觉，我们没办法完全消除它对我们的影响。

　　找到了用个体时间运用来解读时间荒的答案，我们就能轻松找到"时间恐慌症"的症候群了。我们所认为的精英群体比如领导干部、公司的管理人员、各个领域的专业人员、白领群体，他们都是"时间恐慌症"的重灾区。因为他们虽然也是处在各种制度下进行工作的，但是他们的工作有很多是制度触及不到的。相对而言，他们都拥有较多的自主、自由时间。因为，做过管理的朋友都知道，你永远没办法用精细的时间安排来限制一个管理人员的工作。这是不符合他的工作性质的。其实，还有一个受"时间恐慌症"影响最为严重的群体，叫作自由职业者，这是近几年才形成的一个群体。这个群体现在已经非常庞大了，而且还在不断地壮大。就像几年前罗振宇先生所提出的"U盘化生存"一样，这种"自带信息、不装系统、随时插拔、自由协作"的生存方式因为自由和个性化等特点受到越来越多有才华或者自认为有才华的人的欢迎。不过，也正是因为它的自由、没有任何隶属而使得他们拥有更多的"非制度工作时间"，从而成为受到"时间恐慌症"影响最为严重的一个群体。就像古典老师在"超级个体"中所提到的：现在是一个个体崛起的时代，但并不是每一个个体崛起的时代，而是少数个体崛起的时代，个体崛起的时代是一部分超级个体的崛起。

　　而从时间运用上来说，每一个崛起的超级个体，都是克服了"时间恐慌症"的个体。说到这里，我想你已经找到了一个为自己遭遇"时间恐慌症"而感到骄傲的理由了。这绝不是自我安慰，因为每一个遭遇"时间恐慌症"的个体基本上都是在进行"非制度工作"，而能够进行"非制度工作"的你要不就是具备了较高的认知和管理水平，要不就是某个领域的资深人士。总之，你多半是属于社会精英群体的一分子。你应该为此而感到欣慰，你应该完全认可"时间恐慌症"从另外一个角度带给你的自我认同感。这一点是正确的，也是非常有必要的，因为破解时间困境是极其需要自我认同感的。

现在，我们确定答案了。时间恐慌症，其实跟时间本身并没有多大的关系。不过是工作方式的变迁给我们带来的一个错觉而已。不管是感觉时间更少了，还是感觉时间更多了，那都是感觉的事儿。究其原因不过是没能读懂时间的逻辑。不过，庆幸的是每一个遭遇时间恐慌症的个体都是一个了不起的存在，遭遇时间恐慌症只能说明你到了自我提升的瓶颈阶段。在这个造就超级个体的时代，破解时间困境的你就是下一个要崛起的超级个体。向每一个遭遇时间恐慌症的个体致敬，向我们的明天致敬。

当我们谈论时间多少时，我们在讨论什么

透过时间恐慌症，我们要看透的是主观时间和客观时间之间的关系。这是勘破时间逻辑的重要原则之一，现在我们再来看另外一个重要的原则。它同样是我们准确把握时间逻辑必不可少的因素。我们需要回答一个问题：当我们在讨论时间多少的时候，其实我们是在讨论什么？

先说答案，当我们在时间应用的语境下来讨论时间多与少的问题时，我们真正在讨论的其实是时间的价值。

这个其实不难理解，在自然科学的语境下，我们说一天有多少小时。很确定的答案，每个人的时间都是24个小时。但是在社会学的语境下，我们问一个人的一天有多少小时。这个答案就很不确定了。因为这说的是可利用的，真正能够产生社会价值的时间。同样是上班族，勤奋一些的人一天可能工作超过10个小时，偷懒的人一天可能就只有5个小时，而法律规定的一天则是8个小时。这个时间的多少，是由价值决定的。这个逻辑还可以用另外一种方式表达，我们说某人的一天可以顶另外一个人的三天、五天，并不是说他的绝对时间多，而是他的时间价值高。

关于时间的价值，我们先来听一个段子，很有可能你并不是第一次听到，但是没关系，也许接下来我们有全新的解读呢？我们来看这个段子：你走在路上看到地上有人掉了1000元钱，在排除道德因素和其他诈骗因素的前提下去考虑，你会不会把这1000元钱捡起来。如果排除了上面的两个方面的顾虑的话，被问到这个问题的人基本上都会回答，"当然会捡了，傻子才不

捡呢"。但是有一种说法是比尔·盖茨就不会捡掉在地上的1000元钱。原因就是比尔·盖茨每分钟创造的价值都是非常可观的，在他弯下腰去捡钱的那几秒钟的时间内他能挣到的钱要比掉在地上的钱多得多。对于普通人来说，把钱捡起来就是赚到了，但是对于比尔·盖茨来说这个捡钱的举动无疑是一个亏本的买卖。因为他的时间成本实在是太高了。

这个段子已经流传了很多年，都认为比尔·盖茨不会去捡地上的钱。但是到2014年的时候，这个段子终于有了标准答案。因为假设问题的人遇上了比尔·盖茨本尊，他在参加某个论坛访谈的时候被网友问到这一经典问题，比尔·盖茨当场作答："谁说我不会去捡钱，我当然会捡。"并且表示，不仅他自己会去捡钱，还认为其他的人遇到这样的情况也应该去捡。然后他给出了自己的理由，一张钞票掉在地上，或许会是其他的人掉的，掉钱的人一定很着急，应该捡起来还给别人。而假如这钱是他自己掉的的话，比尔·盖茨表示他会把钱捡起来交给基金会，希望它能派上一些用场。跟国内的段子有所不同的是，这个问题中的1000元变成了100美元。

但是这都不是我们关注的重点。我们说这个段子的本意在于提出一个概念：时间成本。长久以来时间成本都是被我们忽略掉的。我们在考虑做某一件事情需要支出的成本的时候，往往会计算需要投入多少资金成本和物力成本，却往往不会把时间成本计算在内。但是最近十年以来人们对时间成本开始变得越来越重视了。我们上面所提到的这个段子的一个重点就是在说时间成本，而且还传达了时间成本的另外一个特征，那就是时间成本因人而异，决定时间成本的是这个人的单位时间价值。每个人都因为自己对时间利用效率的不同，而赋予自己的时间一定的价值，这个价值的不同导致了每个人的时间成本的不同。时间成本的不同直接决定着人们面对同一件事情的时候会做出截然不同的选择。

举个例子，很多从事销售工作的朋友都在这方面有着深刻的体验。那就是你在街上来来往往的人群中，对不同的人说："不好意思，耽误您几分钟时间好吗？"当你说完这句话的时候，你会发现有些人听到以后会稍微犹豫一下，然后再决定拒绝还是接受。有些人听到以后会直接摆摆手表示拒绝，而有些人甚至连拒绝的时间都没有。他们好像就跟没有听到一样，继续急匆匆地往前走。当然，也会有人停下来给销售人员一个机会，听听他们说些什么。真正经验丰富的销售人员会知道，他们的拒绝和接受并不完全取决于他们的需求，而在很大程度上受到他们的时间成本的影响。这就是为什么肯听销售或者是宣传人员说什么的人，大多数都是赋闲在家的老人和带着孩子的年轻妈妈的原因所在，因为他们当下的时间成本是比较低的。所以有经验的销售和宣传人员不太会选择行色匆匆的中年人搭讪，这也是他们基于时间成本所做出的判断，同时也可以降低自己失败的概率。

有一个比较典型的例子还是关于比尔·盖茨的。曾任微软（中国）公司总经理兼总裁的高群耀先生曾发文《他到底是怎么样的人呢？——与比尔·盖茨的亲密接触》，讲述了与比尔·盖茨的近距离接触。提到2001年10月的上海APEC之行时有过这样的描述："那天，比尔·盖茨显得比较累，仿佛处于半睡半醒状态，但他一直在听。偶尔他会突然睁开眼，问我一些他关心的问题，有时问题会很尖锐，很直截了当。比如他这次到上海，我们安排他第一个会见的是中国电信的老总。他立即从半睡半醒的状态中来了精神，极其敏锐地问：'我为什么要见他？跟他会见对我们有什么意义？达到什么样的目的？'几乎每一次活动，他都毫不含糊地要问：'我为什么要花这时间？做这件事对我们的目的是什么？对我们有什么必要？有什么好处？'"

为什么比尔·盖茨每次在做一件事情或者要见某个人的时候都要先问：为什么要去做？这么做有没有必要？这样做有什么好处？根本原因就是他的时间成本太高，这是个好事儿，也就是说他的单位时间价值是非常高的。我们一直在说比尔·盖茨的时间成本是非常高的，但是到底能高到什么程度呢？有媒体给出的数据是每小时值5200多万元人民币。当然，由于受到所掌握的信息的真实性和完整性的影响，这一结果未必有多么的准确。但是，得出这一结果的算法却值得我们借鉴，因为我们有必要知道自己的单位时间价值是多少。我们就以一个小时为单位来看一下自己的单位时间价值到底是多少，否则在面对那么多的待办事项的时候我们根本就无法取舍。如果都用来做那些毫无价值，或者价值低下的事情的话，我们就是拥有再多的时间又有什么意义呢？

我们来看看得出比尔·盖茨一小时货币价值的计算方法：这个算法依照我国目前的劳动法的相关规定，采用一个月平均21.75个工作日，每个工作日以8小时的标准工作时间来算。如果你拿的是月薪，就先把工作日的数量乘以8小时，先得出一个月的工作时间，再用自己的工资标准相除就可以了。如果你拿的是年薪的话，那就需要先把年薪换成月薪来计算了。当然，这种算法不过是一种平均的算法而已，不过是做个例子。很多人的工作时间并不是标准的8小时，收入也主要靠自己的业绩来决定。对于一些企业的管理者或者是销售人员来说，这种情况更为常见。不过，这不重要。你只需要把自己的平均收入除以你的平均工作时间就可以了。如果你的单月收入并不是那么稳定的话，你完全可以以一年为一个基本单位来计算。我们这么做的目的在于，通过这种方法让你对自己的时间成本有个基本的判断。这样在考虑一件事情的时候，不管是取还是舍都好有一个标准作为依据，以改变过去那种整天被各种毫无价值可言的琐事淹没的局面。

如果在接下来的时间内，你都能主动选择比以往更有价值的事情来做的话，你的待办事项的选项就会得到很大程度的筛选。事情少了，你的时间也就多了。我们可以看到，时间的多少还是一个相对的概念。这个完整的逻辑应该是这样的：

时间价值低，事情就多，时间就变得更加稀缺。时间价值高，事情少，相对时间就变得多了。

　　这才是我们明白这个逻辑的意义。看懂时间多少的真谛，从时间价值的维度对事务进行筛选，选择就会变得简单很多，单位时间的价值也会高于过去，你的效率自然也就会得到提升。当然，这要首先从认识自己的单位时间价值开始。由改变对时间的认知，到重视自己的时间成本，再到对待办事项的选择，再到效率的提升。改变对时间的认知是个基础，一切改变都要从这里开始。一切以价值作为出发点，记住，若没有价值，拥有再多的时间，付出再多的努力也改变不了效率低下的事实。而且做事的时间越多，效率就会愈加地低下。

先校准自己的时间感知系统

勘破时间的诡计，洞察时间的逻辑，还有一个维度就是对时间的感知。说直白一些就是你衡量时间的刻度和精准度。什么是对时间感知的精准度？有一个比较有趣的问题：一分钟有多长？一分钟到底有多长，这就看是在什么情境下回答这个问题了。最常见的两种回答就是：如果是跟恋人在一起那一分钟就是一眨眼之间，还没来得及好好体会呢，它就已经过去了；如果是在内急的情况下在卫生间外面排队的话，那这一分钟简直就像是一年一样漫长。其实一分钟就是那么长，不管是在什么情况下，一分钟也不会比六十秒多一秒或者少一秒。这里说的是人在不同情境下主观上对于时间的感受。就是指"感觉上"的一分钟有多长。事实上，不管是在什么情况下，人对时间的感知和客观上的时间都不太可能保持一致，也就是说人对时间感知的准确性几乎不可能达到百分之百。为此，还专门有人做实验，实验者手上拿着计时器，把眼睛闭上，在心里默数十秒钟，然后按下暂停键。这时候计时器上显示的不是八秒就是十一秒。反正永远不会是刚好我们想看到的十秒。这个实验不管进行多少次结果总是一样的。

当然，这个问题更深入的科学解释并不是我们要关注的重点。我们将要探讨的是人们主观上的时间认知和客观时间之间的偏差。而且还不只是这种细微的偏差。我们先来看几个生活中常见的现象：

你的爱人晚上出去跟朋友玩牌，然后跟你说"一会儿"就回来。但是如果这之后你不再三催促的话，他很有可能在天亮以后才回来。他的"一会儿"就等于一晚上。

早上你打开办公室的电脑，准备工作的时候弹出来的新闻框当中的一条新闻吸引了你，你对自己说："我看一会儿再开始工作吧。"如果一个上午都没有其他人和事来提醒你的话，很有可能直到中午吃饭的时候，你才会惊醒，然后感叹："时间怎么这么快？一上午就这么过去了？"这时候，你的"一会儿"等于一个上午。

你周末想约几个好友小聚，上午九点电话确认时间，某位朋友告诉你："你们先聊，我这就出门，可能要晚一会到。"其实这时候他还没有从床上爬起来。等大家谈性渐淡，准备各自散去时，他可能才急匆匆赶来。这中间你打电话催，他永远是："快了，马上，马上。"这时候他的"马上。"就是几个小时。

上面的几种情况，我们肯定都不陌生，你要不就是类似事件的亲历者，要么就是见证者。总之，这样的事件在我们的脑海中都会有一种熟悉的感觉。都是属于人的主观认知上对于时间的偏差。这个比较大的偏差和一开始提到的那个细微的偏差不同。它已经远远超出了某种科学范围内的认知偏差，而在于对待时间的态度上。而不同的人对待时间的不同态度，也就决定了每个人各自不同的时间价值和效率。这种态度所导致的时间偏差越小，单位时间的价值就越高。反之，单位时间的价值越低，也就意味着他的做事效率越低。这不难理解，一个效率低下的人说九点钟要参加一个会议，他可能会在十点钟到，或者更晚，而且还不以为意。觉得这没什么："我不过是晚到了一会儿而已？"如果是一个效率一般的人要在九点钟开会的话，他可能会等到九点十分，他可能觉得在十分钟之内也没什么。但是如果你约了一位高效率的人士会谈，在没有提前告知的情况下，你迟到了两分钟甚至是一分钟，等你到达约定地点的时候，对方可能已经离开了。你可能会觉得对方有些不近人情，连几分钟都不肯等，但这正是他效率超高的原因所在。不是他不肯等，而是他下面的时间内已经排满了其他的事情要处理。如果他因为等你而把时间往后推迟的话，那么后面所有的事情都需要往后推迟。在这种情况下，他选择等待显然是有些得不偿失的。

曾经有一位央视的主持人，某次跟王健林约好了要对他进行采访，王健林也痛快地答应了。但是最后，这位主持人和他的摄制组却因为各种原因迟到了三分钟。等他们赶到的时候，王健林还没有离开，这位主持人不免暗自庆幸，感觉时间还不算太晚，采访还来得及。不过接下来的事情让这位主持人感到有些吃惊了，王健林竟然当着这位主持人和他的摄制组的面，坐上了自己的汽车绝尘而去。面对这样的情况，这位主持人也忍不住感慨，老王就是霸气，一分钟都不等，一点面子都不给。

其实这不是给面子的问题，也不是霸气不霸气的问题。而是因为所有高效能人士的时间安排都是非常满的，也许我们的时间是以"一天"作为基本单位的，但是他们的时间则可能以"小时"或者"分钟"作为基本单位。去年在网上曝出了王健林先生的日程安排表。叫作"王健林的一天"，这个当日的行程表一经曝光就瞬间刷屏，就跟之前那"一个亿"的小目标一样。我们来看看这个日程表。

11月30日王健林行程

时间	安排
4:00	起床
4:15–5:00	健身
5:00–5:30	早餐
5:45–6:30	前往机场
7:00–12:15	雅加达飞海口
12:20–12:45	到达海南迎宾馆
12:45–13:00	海南领导会见

续表

时间	安排
13:00–13:20	海南万达城项目签约仪式
13:20–14:10	便餐
14:10–15:00	前往机场
15:00–18:10	海口飞北京
18:30–19:10	到达办公室

从这张让很多人都忍不住感叹"比我们成功N倍的人，居然惨无人道地比我们更加努力"的日程表上不难看出。他的时间安排都是精确到分钟的，每个时间段都有要处理的事情。可以想象一下，如果王健林要为这位记者的迟到而把采访推迟几分钟的话，那么接下来他要面临的可能就是不得不错过飞往某个国家的航班，或者错过和某位重要领导的会见，再或者错过哪个上百亿的项目的签约仪式。这样分析一下，就不难理解王健林为什么不肯等那几分钟了。看似不近人情的背后是一套高效能人士的时间逻辑，这位主持人当时之所以会有那样的感慨，就是因为他对待时间的态度不一致。作为一位效率较高的职业人士来说，他的时间可能是以"小时"作为基本单位的。但是他碰上的是以"分钟"作为基本时间单位的王健林，对待时间态度上的错位，自然就会导致行为和观念上的错位，不能理解也就在所难免了。同样地，以"分钟"作为基本时间单位的人对以"小时"或者"半天"为基本时间单位的人的行为也会感到非常不理解。

对于这个因人而异的"基本时间单位"，前微软战略合作总监、润米咨询董事长刘润老师在他的《5分钟商学院》当中提出了一个非常形象的概念叫作"时间颗粒度"。刘润老师认为作为人们安排时间的基本单位"时间颗粒度"决定着每个人对时间利用的效率，同时也决定着每个人单位时间的价值。这个时间颗粒度越小，说明他的时间利用效率就越高，他的单位时间价值也就越高。刘润老师用这个时间颗粒度的概念来作为一个人职业化重要的标准，他认为时间颗粒度越小就越能珍惜自己的时间，同样也能认识到别人的时间的价值，从而像珍惜自己的时间一样去珍惜别人的时间。这样就意味着他的职业化的程度就越高。我们在这里先不谈职业化的问题，我们借用刘润老师的这个非常形象的"时间颗粒度"的提法来解释人们对待时间的不同的态度，而导致他们对时间在感觉上的精准度，以及由此对时间利用效率的决定性的影响。以便于每个人都能对自己的时间利用效率和各自的单位时间的价值有个相对客观的认识。这是每一个正在经历着"时间荒"，渴望更进一步提高自己的时间利用效率的人都必须要迈出的第一步。改变之前，先认清自己现在所处的位置，这一点非常重要。

那么，要怎么客观地认识自己现在的时间利用效率呢？具体的做法是列一张你的日程安排表，看看你的时间颗粒度是以"一天""半天"为时间安排的基本单位还是以"小时"或"分钟"为基本单位。需要强调的是，这个日程安排表得是你之前已经完成的日程表，或者是你根据你的回忆来复制出一份昨天的日程安排表。记住一定要尊重客观事实，不要为了日程表的美观而去做一些改动。只有保证日程表的客观，你才能对自己目前的时间利用效率有一个客观的认识。也不要从今天制定的明天的日程表上来判断自己的时间颗粒度，因为每一个计划在制订的时候都充满了制订者的憧憬和想象，那是你想要达到的高度而不是现在客观上的高度。

那些偷走时间的计划外事项

关于对时间的认知，如果想要对"时间荒"有更加深入的了解，那就非常有必要来谈一谈那些"计划外"的事项。因为时间恐慌症的另一个原因就是我们有太多的"计划外"的事项需要去做。这些事情不在我们的时间计划当中，却实实在在耗费着我们的时间，这样一来计划得好好的时间自然也就变得不够用了。

从客观上来说，从来就不可能存在在时间计划之外的事件。不管做任何事情，即使这个事情小得不能再小了，我们需要为此而花费的时间可能真的很短。这个时间短到什么程度？我们不妨脑洞大开，充分去想象这种时间的短促。比如说一刹那，"一刹那"是佛教当中形容时间非常短促的一个概念。这个"一刹那"到底有多么短促，佛教经典《仁王经》中这样描述"一弹指六十刹那……"就是说一弹指之间就是六十个"一刹那"。复旦大学历史系钱文忠教授也曾把"一刹那"换算成现在的计时单位，大概是0.013秒。还有一种说法是0.018秒。总之就是一个非常非常短的时间概念了，不过就算是如此短的时间概念也无法做到不在时间的计划之内。即使是只需要一刹那，你要去做这样一件事，那也是要花费时间的。

但是，我们的工作和生活中确实大量存在着这种"时间计划之外"的事情。更加准确的表述应该是，并不是这些事情在客观上真的已经跳出了时间的限制，而是在我们的主观认知上以为它们是可以不必占用我们的时间的。但是，恰恰是这些我们以为可以不用占用我们时间的事情，无时无刻不在蚕食着我们最为稀缺的时间。而且还是很大幅度地、非常严重地蚕食。遗憾的是，这还不是最糟糕的，比这更加糟糕的是当我们的时间被这些貌似在时间计划之外的事情蚕食掉之后。很多人还是傻傻弄不清楚到底发生了什么，在被"时间荒"折磨得筋疲力尽之时还在苦苦思索"时间都去哪儿了？"

这样的例子在我们的工作中从来就不缺少，比如我们早上来到办公室打开电脑准备工作，突然发现键盘上落了一层落尘，那就赶紧找一块抹布擦干净吧。这个完全是不需要考虑的，根本就不占用什么时间嘛。于是，办公桌、键盘、屏幕桌面上的小摆件之类的统统擦一遍。擦完之后瞬间感觉好了很多，不过干净是干净了，却显得有些乱。怎么办？这还考虑什么？乱了就摆放整齐呀。整理一下办公桌又不需要时间的嘛。好吧，整理过后看着井井有条的办公桌当真是神清气爽。但是好像有些口渴了，给自己沏上一杯茶吧，泡茶的杯子也该洗洗了，要不然放在刚刚整理过的办公桌上显得有些不协调。那就洗洗吧，不然真没办法喝下去。刚好也有同事在茶水间洗茶杯，就顺便聊几句最近在追的韩剧或者是昨晚的那场球赛吧。反正也要洗杯子呀，闷不作声地洗杯子多尴尬。洗完杯子，等水烧开了给自己沏上一杯茶。刚要伸手到键盘上，突然又想起来洗完杯子手上竟然忘记抹护手霜了，这可不能忘，不然手上的皮肤会干燥起皮的。于是在掏护手霜的同时又顺便掏出小镜子看看自己的妆容，如有必要再补个妆。反正也不需要什么时间的。等到真正要开始工作的时候，一看到电脑屏幕上的时间，禁不住就是一身冷汗："天呀，时间怎么过得这么快？我也没干什么呀？我就是给自己沏了一杯茶而已，竟然已经十点半了。该死的时间都去哪儿了？我的方案要完不成了……"

时间都去哪里了？如果我们是在阅读这个案例的话，作为旁观者的我们也许能够知道时间去了哪里。但是更多的时候我们都是"当局者"，当自己作为亲历者的时候是不太能够意识到时间到底是怎么流失掉的。于是就只能在心底一遍遍地哀呼时间到底去了哪里。而且相对于在办公室工作的人来说，那些独自工作的"自由职业"的从业者受到的影响还要严重很多。身边有很多做自由职业的朋友，他们这种"起个大早，赶个晚集"的情况简直就成了一种常态了。经常到了吃中饭的时候了，发现自己还没有进入工作状态。因为这些琐事在我们的潜意识当中是不在时间的限制之内的，因为这些事情看起来做起来并不怎么耗费时间，耗费时间之短，让我们误以为我们是不需要为此支付时间成本的。但是那些需要耗费时间的事情呢？是不是我们就不会产生这种误判了呢？也不尽然。有些事情因为我们知道它是需要耗费较长的时间的，所以我们会很"理智"地把它安排在那些看起来并不重要的时间来做。于是，经常有朋友说："等你不忙的时候，我们一起出去喝个酒，聊个天。"或者"等你闲了我们旅个游。"之类的话。言下之意只要不是在工作时间我们就不需要为此支付时间成本。

于是，经常有人在下班后呼朋唤友，觥筹交错，直至深夜。反正又不是上班的时间，又不会耽误什么。也经常有人在深夜还在不停地追剧，反正晚上又不上班，我也没有耗费明天的时间。这样的结果就是，往往一觉醒来就错过了上班的时间，或者是上班时间打不起精神来。只能选择再从第二天的工作时间内"借"一些时间来养养精神。这一天的工作效率也就可想而知了。当然，说这些并不是要告诉大家那些小事我们可以不用去做，也并不是说我们以后就不要放松，也不要娱乐了。而且这也是不可能的事情，这样也不科学。长时间不给自己留出一些放松的时间的话，就不可能拥有较高的工作效率。这与我们的宗旨是背道而驰的，我们断不会提倡这样的做法。这里要说的是我们在时间运用理念上的一个误区，别以为有什么事情是可以存在于时间的限制之外的，从来就没有任何事情我们可以不需要支付时间成本。虽然这些事情我们还是要做的，而且是一定要做。但是，如果想要提升效率，做之前我们需要改变一下自己的认知，首先我们要认识到不管是看起来并不怎么耗费时间的事情，还是那些我们自以为已经放在"安全"的时段来做的事情，我们都是需要支付时间成本的，这一点永远不会改变，永远不会有任何意外。认识到这一点之后，我们就有可能在自己的"时间计划内"给它做出合理的安排。而不让它们"蚕食"或者"借用"我们的工作时间，这才是我们认识"没有时间预算之外的事情"的重要性所在。至于如何才能做到合理安排这些事情而不至于影响到我们的时间运用效率，我们在之后的技巧篇会有更加详细的介绍。

第二章

那些想硬磕时间的人，多半都被时间掌控

调整态度，不要总想着拿捏时间

在时间面前，总有一些无法洞察时间逻辑的人想要跟时间硬碰硬。他们习惯性无视时间的极限，坚信时间就像是海绵里的水，不管是什么情况，只要你愿意，挤一挤也就有了。他们总是竭尽全力想要拿捏时间，可结果往往被时间拿捏。这样的人，我们把他们叫作时间狂。

什么叫时间狂？就是在时间管理这件事儿上，他们总是坚信到近乎疯狂，也能做到近乎疯狂，但是最后却依然被时间折磨到疯狂的人。他们坚信时间就像是海绵里的水，挤一挤还是有的，所以他们进行时间管理的核心概念是挤压式的。这样的人，多半是一些计划高手，他们会有各种各样的小道具。比如手里的小本本，上面会密密麻麻地记录着那些等着处理的事情。每当他们做完一件事儿的时候，不论大小事情都要在这个小本本上画上一个对钩。可惜就是这些已经完成的事情，跟它后面写着的预计完成的时间常常会对不上号。甚至有一些事情直接占用了后面一件甚至是多件事情的时间，然后后面的事情就不得不按照顺序往后推。结果就是计划表上的时间已经用完了，但是需要处理的事情还剩下一大堆。

比如，那些贴在墙上或者是电脑屏幕上的花花绿绿的便笺，便笺上一定也是写着各种事项的提醒，而能用得上这些便笺的都是一些非常重要的事情。这些便笺一般都会在月初、周一的早上或者是某一天的早上贴上去。用法就是处理完一件事就把写着这件事儿的便笺撕下来，然后把腾出来的空间留给新的重要事项。这样的管理方法，看起来也很是不错吧。可是，事情往往不会按照预先设定的轨迹发展，本来想着有这些便笺贴在那里时刻提醒着自己，事情很快就会办完。墙上或者是屏幕上的便笺变得越少越好。可是结果却是上一批贴上去的便笺还没揭下来呢，后面就又有重要的事情需要贴上去了。看着已经写好的便笺根本没有地方贴，心中就不免越发地焦虑。

还有就是那些自以为懂得时间管理的人，总是会给自己设置各种提醒。15到25分钟的一个番茄钟，手机里设置的重要时间提醒，总是会时不时地提醒。按说有了这么多的提醒，那些重要的事情肯定一个都不会错过的。事实上，在这样的提醒下，那些重要的事情确实不会被忘记，但是也没时间及时处理。因为每当这些铃声响起的时候，他们经常是在专心致志地做着另外一件事情。这样的提醒不仅让他们被动地停下手中的事情，还会告诉他们接下来还有很多重要的事情要做，留给自己的时间已经不多了。往往就是，这样的提醒会带给他们极大的精神压力，让已经被迫中断的事情很难在短时间内重新开始。这无疑又更进一步加剧了时间的紧迫性。

张欣就是这样一个时间管理的狂人，作为一个追求上进的年轻人，他一直为自己的工作时间不够用而苦恼不已。整天忙忙碌碌的却依旧没能做出什么成绩，感觉自己就是传说当中的那种瞎忙族。自从前不久开始接触到时间管理之后，感觉已经到了人生的拐点。只要敢于管理，勇于实践，你的一天就会变成别人的几天。你的一生也将会活出别人几辈子的精彩。这一点，张欣坚信不疑。也就是从那时候开始，张欣就疯狂爱上了时间管理。所有能贴东西的地方都贴上了各种便笺，手机里各种提醒的铃声一天到晚也是响个不停。当然，所有能够想象得到的时间也全都被他管理了起来。虽然这样被管理着的生活过起来很是辛苦，但是他觉得这是高效必须要付出的代价。只要能让自己的努力有更好的回报，这一切都不算什么。

可是时间已经过去了三个月，他的状况不但没有变得更好，反而陷入了一种从未有过的绝望当中。刚开始的时候，看着安排得满满的日程表他是由衷地高兴，终于不用再过那种想起什么做什么的忙乱日子了。而且就连平时不怎么在意的碎片化时间都被归拢起来了，这个计划表满满的都是成就感。可是一段时间以后，感觉那些出现在计划表上的事情，他很难在预计的时间内完成。这让他内心隐隐有种不安的感觉，但是他宁愿相信这是因为自己的时间管理还不够精细。于是中间他又对自己的时间重新管理计划，他相信只要再多挤一些时间出来，计划表上的事项就能完成得好一些了。而且，为了让这些事项的完成情况变得好看一些，他开始不自觉地借用生活的时间。时间计划经过了两次升级之后，凡是能被规划的时间都已经安排满了。想要借用时间，就不得不压缩吃饭和睡眠时间。可是这样的结果就是做事情的速度变得越来越慢了，把计划的事情做完变得越来越难。眼看着再挤时间也没有可能了，完成计划表也变得越来越难，张欣的心中也变得焦躁不安起来，然后就是一种莫名的无助和深深的绝望。

很多致力于时间管理的人，他们的心中都有着跟张欣一样的烦恼和焦虑。还有些人甚至已经被时间管理给折磨得快要发疯了。而且越是想要把事情做到极致的人，所感受到的焦虑就越是严重。难道，时间真的不能被管理吗？还是我们大多数人在这件事儿上都做错了？这是我们在时间认知上所要解决的第二个问题。时间到底能不能被管理？如果能，我们又该怎么管理？这一部分我们会慢慢探讨。

心理学告诉你时间失控的真相

时间到底可不可控，到底能不能被管理？这个答案并不好回答。你说可以管理吧？那些想要拿捏时间的人，结果大多都不是很好。如果说时间不可控，不可管理的话，确实有那么一些人，时间在他那里好像永远都是那么充裕，事情做得明显比别人多，但是却不曾见他们有多慌乱。只能说，这不是个选择题，而是个综合应用题，但是首先它是个认识题。对于这问题，很多人会想当然地觉得，时间当然是可控的，不然怎么会有那么多时间管理的书呢？而且，这些教我们怎么管理时间的书，确实还是挺管用的。时间之所以总是不够用，不就是因为我们对它的认知出现了偏差吗？在以前的我们看来，只要是自由的时间感觉就好像是永远用不完的。我们也不知道怎么细化自己的时间颗粒度，我们的时间总是会被那些计划外的事情占用而且不自知，所以我们的时间总是被我们给弄丢了，我们也总是处于时间荒的困扰当中。可是，现在这些我们都已经知道了，现在我们再把时间都规划起来不就好了吗？只要我们把时间从"非制度性时间"变成"制度性时间"，再把时间的颗粒度变小，时间不就被我们掌控起来了吗？没错，按照之前我们分享的这些关于时间荒的真相。这么做确实是有一定的道理的，最起码理论上是行得通的。但是这样做真的就能够让时间乖乖地听我们的话吗？这个答案我们先放一放。

我们先来认识一种时间的失控方式。在我们的神话故事当中，神仙的时间跟我们凡人的时间速度是不一样的。故事里面说，天上一天，地上一年。如果不知道这里面的玄机的话，那些来往于仙界和凡间的孙悟空之类的人物稍不留神就耽误了大事儿。当然，这种神话里面的故事对我们来说真的太遥远了。不过，现在却流行另外一句话，"抖音五分钟，现实一小时"。其实这句话根本就用不着做太多的解释，凡是手机上装有"抖音"或者是其他小视频软件的人，对这种体验都不会陌生。在抖音的世界里，明明感觉只过了五分钟的时间，可是等再次回到现实世界的时候，却发现时间已经过去了一个小时甚至是更久。

其实不光是抖音，很多让我们欲罢不能的事物都会带给我们这样的时空错乱的体验。追剧爱好者眼里的影视剧，游戏迷眼里的游戏，小说阅读爱好者眼里的小说，甚至在社交爱好者眼里就连跟好友在一起交谈也会有这样的感觉。明明感觉只是过去了一小会儿，怎么一晃神的工夫时间已经过去了那么久。可是，虽然我们感觉这有些不可思议，但是客观上已经真的过去了那么久。糟糕的是，按照计划我们根本不能用这么长的时间来做这件事儿。为什么会有"抖音五分钟，现实一小时"的现象呢？因为很多时候想要好好管理时间的我们，理智是不会允许我们用一个小时的时间来刷抖音的。但是忍不住诱惑的我们，只能悄悄地对自己说，我就只看五分钟。所以，在这些人的意识当中就算是在刷抖音的时候他们也是比较理智的，所以他们只允许自己刷五分钟的抖音。让人猝不及防的是现实当中的时间和抖音世界里的时间所存在的巨大差距。下定了好大的决心才敢用掉这宝贵的五分钟，可是却不明就里地丢掉了一个小时。所以，每一次我们迎面撞上这种情况的时候，都会有一种失控的无力感。

不得不说，这种感觉确实很让人怀疑，我们一直坚信的时间管理理念真的是正确的吗？我真的已经是很认真地在管理时间了呢。可是，这时不时就会失控一下到底是怎么回事儿？是因为我们的时间管理不够严谨还是因为别的？如果我们能够对这种失控的原因有些了解的话，心中自然就会有答案了。我们现在就来看看是什么造成这种失控现象的。其实并不是抖音的世界里时间真的过得慢，而是因为我们在刷抖音的时候经常会忘记时间的流逝，确切地说只是我们感觉时间过得慢了。所谓的只是过去了五分钟，并不是真的只过去了五分钟，而是我们感觉只过了五分钟。说到底这只是我们对时间的感觉出了问题。不只是在刷抖音的时候，凡是那种能够造成时间失控的事物，它们都是通过我们的这种错觉来造成失控的。如果想要再进一步了解这种错觉形成的原因，那我们就得认识一下一种叫作"心流"的心理状态。

"心流"由心理学家米哈里·契克森米哈赖提出，对于这种心理状态他是这样描述的：对所做的事全身心投入的感觉，心流产生的时候，会有高度的兴奋感和充实感。为了让我们对心流状态有一个更加清晰的认识，米哈里·契克森米哈赖还归纳出了心流的五个特征：

1.高度专注一直到结束。

2.自我消失，忘记很多生理需求，也不在意他人的评价。

3.时间感停止。

4.有控制全局的感觉。

5.过程即回报。

不过，需要加以区分的是，米哈里·契克森米哈赖提出心流状态理论的时候是通过观察作家和艺术家的创作得到的灵感。所以他在对心流状态的描述中会有充实感和满足感这样的表述。这跟他们的高度专注时的高效率有着很大的关系，因为这些人处于心流状态下的时候，灵感使创造力可以达到一个超常发挥的高度。自然就会产生强烈的充实感和满足感，而且这种状态之后还有强烈的成就感和自我认可感。因为他们的高度专注是主动的。但是，类似抖音、游戏、影视剧这些很容易就能捕获我们的注意力，并让我们被动处于心流状态的事情，它带给我们的兴奋感只存在于这个过程，一旦这个过程结束，重新回到现实就会面临时间感停止导致的后果。

所以，稍微看得深一些就会知道这只是我们对时间的一种错觉，再往深处探寻就能发现，归根结底这是我们对注意力管控不力的结果。我们把这逻辑反过来推，如果我们无法很好管理自己的注意力的话，我们所谓的时间管理计划就算是制订得再严谨也难以避免这种经常性的失控。所以，时间到底能不能被管理呢？最起码，单纯管理时间的时间管理法是靠不住的。这是我们必须要记住的。

哪有什么时间管理，不过是很好地掌控了自己

关于时间能不能被管理的问题，我们起码知道了单纯地管理时间不管理自己的注意力那是靠不住的。那么是不是说，懂得管理自己的注意力，就能做好时间管理这件事儿了呢？我们依然先不说答案，先回想一下我们在工作当中遇到的那些人。想想自己身边是不是有一种很"气人"的同事，他们是老板和上司嘴里的那种"踏实肯干"的好员工。平时最早出现在公司里的人是他们，离开公司最晚的也是他们。午休的时候别人都在休息，少数几个还在伏案工作的人也是他们。如果公司需要加个班什么的，响应最积极的依然是他们。不得不说，有这样的同事在身边，确实不是一件愉悦的事情。因为他们的勤奋和努力程度，会让身边的很多同事看起来有些不够敬业。所以，这样的同事有时候真的是很气人。但是大家也都知道，这些平时让大家自惭形秽的勤奋者，唯独在月底进行表彰的时候不会有他们。

其实在办公室里还有一些人，说起来比这些永远捞不着奖励的勤奋者更加气人。首先，他们是拒绝加班的，不管是在周末还是在下班以后，加班的人群里永远都不会有他们的影子，而且就连早来一会儿，或者是晚走一会儿都是很难得的事情。他们永远都会踏着铃声来上班，然后再踩着下班的点打卡走人。平时总是一副来去潇洒的模样，但是更潇洒的是领导"论功行赏"的时候。每次业绩考评，他们的业绩都会令同事们咋舌不已。更让人意外的是他们获得的奖励，简直让人羡慕嫉妒恨。如果我们进行时间管理的目的就是为了管理出更多的时间的话，那这两种人的鲜明对比就会显得不太

科学了。那些勤奋的人明明拥有更多的时间，而且他们确实也是把这些时间用在工作上了。但是结果却跟那些潇洒的人之间有着天壤之别。这就是职场上的一个鄙视链，那些不用加班就很出色的人鄙视那些辛辛苦苦打拼出来的人，而那些努力就能做好的人又会鄙视那些整天忙忙碌碌却什么都做不好的人。这些处在职场鄙视链最底端的人，他们还有一个名字叫作"不聪明的勤奋者"。

摆出来这条职场鄙视链，我们其实是为了从结果思维的角度来重新打量时间管理这件事儿。也许换一个角度，我们就能看到不一样的东西。我们之所以要进行管理，目的并不是为了拥有更多的时间。同样的一件事情，一般的人可能用一个小时就完成了，而那些出色的人可能只需要半个小时就能做得很出色。但是那些聪明的勤奋者，他们往往要耗费掉大半天的时间，结果却依旧不理想。当然，他们耗时长且结果不完美的原因可能不一而足。可能是因为自己的专业技能不过关，可能是因为自己做事的时候注意力不够集中，还有可能是因为目标不够明确，中间的试错成本太高。总之就是一句话，就是因为他们的勤奋不够聪明。是他们那不够聪明的做事方式导致了他们的时间也变成了"傻时间"，这种高耗低能的傻时间就算是挤出来得再多，也注定无法在与别人的竞争中形成优势。不但无法起到正向的作用，还会因为时间过度挤压而对生活产生不利的影响，进而造成精神上的焦虑。这样下去，虽然看起来工作的时间比别人多不少，结果却很有可能导致工作和生活的全面崩溃。

所以，对于这些时间并不稀缺但是结果却并不突出，甚至是惨不忍睹的人来说，他们需要的并不是怎么通过时间管理挤出更多的时间来。相对于时间，更需要改变的是他们自己。不管是要精进专业技能也好，还是改变做事的习惯也好，他们改变的目标都应该是自我的"精进"或者"跃迁"。而那些不用加班就可以出色完成任务的人，他们多半就是掌握了精进和跃迁真谛的人。所以，这些并不太聪明的勤奋者要想用好的结果实现逆袭，重点是要让自己变得跟那些出色的人一样聪明。

从这一点上来看，我们所说的时间管理其实并不是说要跟时间较劲。不管是前面我们提到的注意力的管理还是要完成自我的提升，都在说明一个事实，那就是很多看起来像是时间的问题，我们觉得只要进行必要的时间管理就可以解决了，可是我们稍微深入思考一下就不难发现，一旦落到了实处我们做的很多工作其实都是跟时间不相干的。这就是我们思考时间到底能不能被管理的意义所在。时间到底能不能被管理？这个问题我们会不断发问，而且每次都不会给出肯定或者否定的答案。因为不管给出肯定还是否定的答案，都不能帮助我们更好地把时间变现，也没办法让我们的时间更值钱。我们所需要的是，通过不断的发问让我们从不同的角度来打量这件事儿。让我们一步步地靠近事情的真相，这当中的每一个独特视角和在这个视角上所看到的一切都是我们勘破时间诡计的重要部分。我们一直强调勘破时间的诡计，最核心的部分无非就是三个：对时间的认知、对时间管理的认知和怎么才能把时间变现。把自己的时间变现，这才是我们重新认识时间的最终目的。如果不能让时间变得更值钱，不能把自己的时间变现，我们对时间的重新认识也就无法落地，自然也就没办法给我们带来任何价值。

我们一再对时间到底能不能被管理进行发问，目的就是在于能够很好地从各种不同的角度思考这件事儿。也便于我们对时间形成更加系统、清晰的认识。当我们对时间逻辑认知越来越清晰以后，我们得出的答案就不会是"能"或者"不能"，而是让时间变得更值钱成为我们努力的方向。这才是我们真正想要的答案。

时间值不值钱，还得看情绪怎么说

还是那个老问题，时间到底能不能被管理？我们稍微换一个表达方式：只针对时间的时间管理能不能让时间变得更值钱？还是从现实中寻找答案。我们不妨想象一个这样的场景：如果你是一个想要让时间变得更值钱的奋斗者，你已经为时间管理做好了准备。这一周甚至是每一天需要做的事情，你都已经做好了细致的安排。可是，就在一切看起来都有条不紊的时候，有一件意想不到的事情发生了。这件突如其来的事情可能会给你的工作带来不小的影响，也可能会干扰到你的生活，再或者是它能让你有一种愤怒的感觉。沉下心来认真想一想，面对这样的事情，你之前做好的时间计划还能得到彻底的执行吗？

这样的一个场景，虽然说是假设的，但是所有人都不会感到陌生。这样的事情相信很多人遇到过。比如，开会的时候跟同事就某个问题争论不休，双方的言语都比较激烈。比如，刚上班就被领导叫去说昨天提交的方案需要重新再做一遍，然后还很不客气地批评了一顿。再如，中午吃饭的时间接到房东打来的电话，跟你说又要涨房租了。这已经是两年内第三次涨房租了，但是你又没时间重新找房子搬家，只好强忍着心中的怒火，硬着头皮应了下来。

在这些事情的影响下，你原来做好计划的事情还能顺利实施吗？很多人是做不到的。对于那些流水线上的或者是熟练的技术工种的工作者可能要好一些，但是对于那些相对比较自由的，具有一定创造性的或者是跟人沟通有关的工作者来说，他们所受到的影响就非常大。很多人在经历这样的事情的时候，说的第一句话是："不行了，我得缓缓。"没错，这是我们大多数人的反应。我们确实需要缓一缓，不让自己平复一下情绪的话，感觉头脑一片空白，根本就没有办法进行思考，更不要说全身心地投入工作当中去了。就算是原来的计划再好都不管用，所以很多高明的领导，在员工犯错的时候，尤其是时间比较紧张的时候，他们都不会对着他大喊大叫，去影响他的情绪。而是当时不动声色地给予提醒，等事情过去以后再找机会解决问题。所顾虑的就是怕情绪的失控影响下面的工作。要想做到这一点首先要做的就是管理好自己的情绪。那些超级厉害的人，他们在这方面已经做到了什么程度呢？2019年7月3日，百度AI开发者大会上，百度的董事长李彦宏正在演讲。一个年轻人走上台来，在他的头上浇了一整瓶的矿泉水，身上的衣服也被浇湿了。作为一个知名企业家，被别人当众泼水是一种多大的侮辱，但是李彦宏只是整理了一下发型，对这位在他头上浇水的年轻人说："What's your problem？"然后就开始了淡定自若的调侃："在AI前进的道路上会有各种各样的事情发生，但是前进的决心不会改变，AI会改变每一个人的生活。"

不过，我们不太可能人人都做到李彦宏那样。在我们的生活中，做得比较好的就算是那些只要稍微缓一缓就能重新投入工作当中去的人了，当然更多的人这个缓一缓的过程是比较长的。有可能是一个小时、几个小时，甚至是大半天。但是绝大多数情况下，我们是没有条件用这么长的时间来缓一缓的。除非发生了特别严重的事情，不然领导也不会给你大半天的时间让你来缓一缓。但是有过这种经历的人都知道，在接下来的这段时间内，做事情的速度会变得非常慢，出错率也会非常高。而且时不时地还会出现心不在焉的情况，总之就是这段时间的效率会变得非常低。虽然计划内的时间并没有减少，但是计划内的事情却很少有完成的可能。这样就意味着，虽然从时间管理的角度来讲，时间被安排得有条不紊，但是单位时间却在情绪的影响下变得更加不值钱了。也就是说，我们的时间管理术真的是管住了时间，但是却没能留住时间的价值，很显然这样的时间管理并不是我们需要的。

曾经有一个名叫"奔跑的汤盆儿"的网友在简书上分享自己的经历。说有一天早上，他所负责的项目的甲方开始就一些细节问题展开了询问。这本来也是很正常的事情，可是不知道是什么原因，这次甲方负责接洽的人员显得非常的急躁，而且语气也变得有些严厉。而他也在跟对方交谈过程中被对方的情绪感染，变得越来越情绪化。在接下来的一个多小时内，他一直被这种急躁和愤慨的情绪控制着。脑子里想的不是尽快解决问题，而是怎么才能发泄心中的不快。所以，原本对于他来说是很简单的事情，眼看着在规定的时间内是不可能得到解决了。所幸的是，他的一位下属在这时候表现得非常好。面对甲方的急躁他反而显得很有耐心，慢慢从协助变成了主谈。也正是因为他对自己情绪的精准把控能力，所以在一些非常关键的问题上，他回答得很是清晰也非常得体，最终帮助自己的上司完成了这项工作。

这个叫"奔跑的汤盆儿"的网友，他是以负责人的身份出现的。原本他的时间是要比自己助手的时间更有价值才对，在平常的状态下也确实如此。可是从当天的表现来看，在那段时间内，他的时间价值是要远远低于助手的时间价值的。为什么他的时间价值会贬值？就是因为他当时没有管理好自己的情绪。虽然，第二天当他意识到这一点的时候马上就进行了深入的自我反思。但是在这一天接下来的那段时间内，他的时间价值相较以往会有什么样的变化我们完全可以想象得到。这位网友在反应过来之后不无自责地说，那天是自己的自我觉醒力睡着了，这才导致自己对负面情绪的影响毫无觉察，并表示自己以后要以这件事引以为戒不断提升自己的自我觉察和自我觉醒能力。

就像上面这位朋友对自己的反省一样，想要在这种情况下让自己的时间不贬值，他应该做的事情是不断提升自我觉察和自我觉醒能力。如果做不到这一点，就算是获得再多的时间也无济于事。这算是我们对时间到底能不能被管理这个问题的另一种方式的回答。想要让时间变得更值钱，想要彻底搞懂时间的逻辑，我们又多了一个达到目的的途径，这就是管理好自己的情绪。

你所拥有的时间，其实是你的社交平均时间

本节还是要探讨关于时间到底能不能被管理的问题，不过我们这次先不问问题，先来分享一个心理学概念：群体智商。智商我们自然都很熟悉了，那么什么是群体智商呢？最简单的解释就是当一群人聚集在一起的时候，经过讨论和协商后的结论和决策所展现出来的智商状况。这个群体智商和个体智商之间又存在着什么样的关系呢？如果不公布答案的话，很多人都会想当然地觉得，那自然是群体的智商要远远高于个体的智商了。一个人的脑袋怎么能有一帮人的脑袋好用呢？前人不是说要集思广益吗？不是说三个臭皮匠还能顶个诸葛亮吗？这不都是在说个人的智商是没办法跟群体相抗衡吗？事实到底如何？现象级畅销书《乌合之众：大众心理研究》告诉我们，群体的智商其实很低，要比这个群体当中的大多数个体的智商都要低。法国社会心理学家、社会学家、群体心理学的创始人古斯塔夫·勒庞通过这本书告诉我们，当一群人在一起的时候，不仅群体的智商会严重低于个体智商，就连他们所表现出来的群体道德水平也要远远低于大多数个体的道德水平。这也是为什么这本书会取名为《乌合之众：大众心理研究》的原因所在。

其实不光是一般人会是这样的情况，就连那些超级聪明的人，一旦他们以团队的形式聚在一起，整个团队的智商都会明显变低。就像我们在工作当中看到的那样，原本是个很有特色的创意，然后拿到会上跟一帮聪明人进行讨论。如果没有一个聪明人拥有最后拍板决策权力的话，这样讨论的结果十有八九会让这个创意变成一个四平八稳却毫无特色的东西。也就是说，整

个团队所表现出来的创意水平还不如当初提出方案的个体。在各类竞技团队当中，也存在着"明星团队"和"明星的团队"这两种说法。什么是明星团队？就是靠成绩一步步证明出来的，他们用胜利奠定了明星团队的地位。而明星的团队，则是由很多超级明星组成的团队，论个人的能力，他们都是当之无愧的明星。但是这些明星组成的团队，最后却往往不是明星团队的对手。

既然不管是智商还是能力，都存在群体低于个体的情况，那么时间呢？整个团队的时间价值是不是也会低于个人的时间价值呢？这才是我们真正需要关心的问题。很多热衷于时间管理的人，都会有两个理所当然的认知。第一就是时间管理，你只能管理自己的时间，别人的时间自己也管不着。第二就是自己的时间自己管，自己的时间的价值，自己说了算。事实真的是这样的吗？如果真的是这样，那就不会有那么多人对"猪队友"吐槽不断了。为什么我们身边有那么多的人在吐槽猪队友？就是因为当群体时间价值低于个体时间价值的时候，大家都觉得就是猪一样的队友让自己的时间变得没那么值钱了。不可否认这些被称为是"猪队友"的多半是一些并不是很聪明，业务技能也不是很出色的人。确实，很多时候是他们在拖后腿，导致有些时候明明是一个团队，但是发挥出来的价值却不如原来一个人的。

张涛在单位是出了名的独行侠，经常是一个人的业绩就能跟一个团队抗衡。看到张涛这样的情况，领导想仅仅张涛一个人就已经那么厉害了，如果再给他配上两个助手组成一个团队的话，那他们这个小组的业绩肯定是全公司最高的。虽然张涛本人对这件事是极其不赞成的，但是到底还是拗不过领导，勉强接受了两个业绩平平的新同事作为他的助手。为了避免出现互相看不惯的情况，领导特意安排了两个特别佩服张涛的小粉丝。这两个新同事对于张涛安排的事情，从来都不会有任何质疑和不快，都是张涛怎么安排他们就怎么做。张涛也并没因自己的能力强就刁难他们，考虑到他们两个刚进公司不久，张涛就主动包揽了七成关键性的工作，只让他们做一些配合或者是辅助性的事务。按理说以张涛的个人能力和他对工作的安排来看，他们团队的业绩应该比张涛一个人单打独斗要好上不少。可是一连几个月，张涛这个被领导寄予了厚望的团队却表现平平。不但没能超过其他的团队，甚至连以往张涛一个人的业绩都达不到。

原来，虽然张涛独自扛下了百分之七十的关键性工作，只是让这两个新同事做一些辅助性的事务。但是由于他们做事的节奏跟张涛差距较大，要想得到他们的配合，张涛经常不得不停下来等着他们完成手上的那三成的工作。而且他们为了要赶上张涛的速度，也经常把自己弄得手忙脚乱，还经常会忙中出错。一旦出现疏漏就不得不返回来再做一遍，还有两次他们竟然粗心地用之前的新文件覆盖了最终版的文件。要不是在最后提交之前张涛又做了一遍检查的话，指不定会惹出多大的麻烦。

就跟群体智商很多时候都要低于个体智商一样，团队时间的价值很多时候也要低于个体时间价值。对于这样团队里的个体来说，他的时间到底有没有价值，或者是有什么样的价值，都不是他自己就能说了算的。而在这个分工越来越精细的时代，与他人的协作是我们绝大多数人的工作方式。而只要是让他人协作，自己时间的价值就没办法由自己说了算。对于这些人来说，想要让自己的时间变得更有价值就得想办法做好与他人的协作。

而关于时间荒和时间管理的认知，这就是我们要分享的。不过这仅仅是一个开始而已，我们不光是要认识它，还要把它变成现实。这样才能完成时间的变现，我们的时间才能变得更值钱。

时间终极法则不过是一幅"心智图"

通过对时间逻辑的了解，我们知道时间从来都是不可能被管理的，所有关于时间管理的理论和方法落到实处都是自我的管理或者是对协作关系的管理。而说到对自己的管理，都需要管理些什么呢？管理自己的注意力？管理自己的行为习惯？管理自己的做事方法？管理自己的精力？管理自己的情绪？这都不能算是错，但是又都说得不完整。我们把这些统统归纳起来，就会明白其实在时间逻辑的语境下说的自我管理，更准确的表达应该是自我心智管理。而我们要做的并不是要怎么去管理和控制时间，而是要运用心智跟时间做朋友。通过对自我心智的深度管理，让自己更加适合时间的运行规律，只有跟时间和解，你的时间才能比别人的时间更值钱。为什么有的人，他的人生就比别人贵很多？因为他们的时间很值钱。而他们的时间比别人的时间更值钱的原因并不是他们掌控了或者是征服了时间，而是他们改变了自己的心智。他们不管是思维模式，还是决策执行再或者是待人接物，都不会跟时间拧巴着来。

可是心智管理这个说法难免会让人觉得有些过于理论化了，听着就有一种不太接地气的感觉。如果我们跟一个人说，别管理时间了，你还是先管理一下自己的心智吧。肯定会有很多人觉得这些太虚了，要不还是去管理时间吧，毕竟那些方法还是看得见摸得着的。为了在讨论这个概念的时候不至于那么朦胧，我们需要一个道具来让它变得更加清晰和直观。这就是我们将要了解到的"心智图"，不过心智图，听起来还是会觉得不那么友好。如果我们说是"思维导图"呢？这样是不是会觉得熟悉很多了呢？思维导图是近几年为我们所熟知的一个工具，它的用途就是管理我们的思维意识，把头脑当中那些原本处于杂乱状态的各种念头以图标的形式清晰地表达出来。以利于我们更好地整理和理解自己的内心思想，所以这个思维导图只不过是心智图的另一个名字而已。

思维导图这几年不管是在管理领域、自我成长领域还是教育领域都有着非常广泛的应用。它能够将头脑当中的各种念头、灵感以及它们之间的关联性以图像视觉的景象呈现。将我们的视觉所熟悉的一些元素，比如形状结构、关键字、颜色、图像、超链接等引入我们的思维领域。然后用这种方法在中心的概念和相关的关联概念之间建立一种连接。当我们对于某个决策犹豫不定的时候，我们可以用思维导图把每种选择的利弊呈现出来。并且把产生这种结果的相关因素都以图形的形式呈现出来。这样一来，坏结果会坏到什么程度？我能不能承受得了？好结果会带来多大的好处，有没有必要为这个结果冒险？导致坏结果形成的原因是什么？哪些因素是可以避免的？好的成果又是怎么形成的？哪些因素的调整可以强化这种好的结果？这些因素我们一般是很难考虑清楚的，因为我们的思维习惯是直线型的，顾不上这么多的旁枝末节。而有了这个思维导图的配合，考虑问题就清晰全面得多了，自然也就不难做出最佳决策了。

尤其是在读一本书的时候，快速了解一本书的内容，我们最常用的方法不外乎是看这本书的目录。这里面的章节结构能够在一定程度上反映这本书的主要内容和内在逻辑关系。但是这种结构也是典型的直线型的，单单依靠目录不但不容易看明白，还非常容易丢失关键内容。但是如果用思维导图来展示一本书的内容的话，不但可以将全书的重点都呈现出来，而且每个部分之间的关系也能够清晰看出来。甚至是里面的一些金句都不会被遗漏。把繁杂的事物清晰化，把抽象的事物具体化，把零碎的事物关联化，这是思维导图也就是心智图带给我们的帮助。也正是因为它的这几种功能，我们要管理自己的心智自然也就把心智图作为首选工具了。

　　当我们听说时间逻辑的本质其实是自我心智管理而感到迷茫的时候，我们不妨把这个问题用心智图（思维导图）的形式呈现出来。那么这个心智图我们又该怎么画呢？我们先来说说心智图最常用的两个结构，树状结构和放射状结构。我们就拿一本书的主要内容为例，如果想要用树状结构的心智图来表现这本书的内容的话。我们就以这本书的书名和更能阐释全书主旨的副书名作为主树干，然后把每章的主要内容作为树的几个枝干，在每个枝干上又可以分出几个枝杈，这些枝杈代表的就是每个小节的主要内容。而正文当中那些重点内容和金句以叶子的形式呈现。而且还可以按照枝干、枝杈的生长顺序来表示它们之间的内在逻辑，还可以用不同的颜色来对它们的重要程度做出区分，还可以用数字标出它们的先后顺序。想象一下这样的一个心智图，这本书的内容展示得还不够清晰吗？如果用放射状结构呢，我们可以想象是一个章鱼的结构。脑袋的部分自然是书名，然后每条触手都是一章的主题，再然后小节就是触手上这些凸起的吸盘了。

　　如果要画一张掌握时间逻辑的心智图呢，树的主干自然就是掌握时间逻辑的终极目的，怎么让时间变得更有价值或者是怎么让自己的时间更值钱。然后它的枝干就是我们所讲的几个主要内容，上面的枝杈自然就是你在这个方向上所存在的一些问题或者是困惑。而那些树叶你可以记上自己在这方面所经历过的失败。如果你想选择用放射状结构来画自己的这张掌握时间逻辑的心智图，那就像我们刚刚说过的那样，用类似章鱼的形状来代替一棵树的形状结构就可以了。

　　可能当这个心智图画出来以后，很多人都会觉得很奇怪。为什么我们会需要一张充满了问题和疑惑甚至是失败经历的心智图呢？难道心智图不是用来解决问题的吗？没错，绝大多数的心智图都是用来解决问题的。但是我们这次所画出来的并不是，因为这还并不是真正意义上的心智图，只是一个问题心智图。我们都知道，当我们带着问题图阅读一本书的时候，得到的收获是最大的。所以，在开始实践部分之前，我们需要这样的一个满是问号和需求的心智图，也可以称为掌握时间逻辑的心智图的蓝本。这样的心智图才是真正符合你的需求的，这样你在后面看到那些能够解决你的疑惑或是让你不再犯同样错误的方法时，才会有眼前一亮的感觉。这样的知识才能记得牢，然后才能用得上。当这个心智图上的问号都被解决以后，它就变成了真正掌握时间逻辑的心智图。但并不是最终的版本，在实践的道路上，你所总结的或者是从别处学来的好用的方法，都可以随时加上去。随着这个版本的不断升级，你的时间也将会变得越来越值钱。

第三章

状态在线是对时间最好的尊重

快速启动，跟完美心态说拜拜

我们经常说"行百里者半九十"，这句话的意思是说如果我们的目标是一百里，那走到九十里的时候也只是相当于走完了一半。这么说好像有些不符合常识，其实这句话想要表达的意思不过是做事情越是到了胜利在望的时候就越是要小心谨慎，越接近成功就越是困难重重，一定要坚持到最后才算是大功告成。那些做事的高手都明白这个道理，并且在实践当中他们也做到了。但是也有人在做事的时候把这个谚语给弄颠倒了。这些人在做事情的时候，经常会在时间已经过去了一大半的时候，才在匆忙当中开始动手。这样做事会有什么样的结果就可想而知了。那么，之前那么多的时间他们都用来干什么了呢？被别的事情给耽误了？刷抖音、玩游戏去了？或者是一不小心走神了？在一般人的身上这种情况是常有可能出现的。但是我们现在要说的是这几种情况统统都不存在的另外一种情况，这类人往往对于时间管理的重要性和一般性的方法都有一定的了解，知道有重要的事情要做，他们会有意管住自己的注意力，隔离一些无关的事情。而且这段时间里，他们也确实没有走神，脑子里想的都是将要开始的这件事情。

既然注意力一直都在这件事儿上，为什么时间都已经过去一大半了，却还迟迟没能开始。最后却要在眼看一切都来不及的时候才匆匆忙忙动手呢？就是因为他一直都在想这件事儿，反而不敢轻易开始了。这些经常会起个大早赶个晚集的人并不是因为他们懒惰，因为懒惰的人一般都不会起得太早。出现这种情况，不是他们不想去做，而是因为他们太想做，或者说是太想做好了。他们想要把这件事情做到没一丁点儿的瑕疵，让谁都挑不出毛病来。但是这种太想把事情做到尽善尽美的想法，却会成为行动的障碍。每当自己决定要开始的时候，心里就会蹦出来另外一个念头，告诉他再等等、再想一想。现在考虑得还不够周全，准备得还不够充分，现在动手很容易出问题。可是，越想要考虑到万无一失，就越是觉得准备得还不够充分。眼看着时间一点点过去，但是却想不出一个绝对完美的方法来，事实上也不可能想到这样的方法。一直到就剩下最后的一点时间了，就再也顾不得什么了，手忙脚乱地开始各种忙活。最后虽然不是很满意，但是好歹把任务完成了。这还算是比较不错的，还有一些人，要么就是因为时间太过仓促而弄得漏洞百出，要么就是因为实在来不及只好半途而废。但是这些还不是最坏的，最坏的是还有一些人，想着想着干脆就放弃了。

原本时间是充足的，各方面资源也是不错的。出现这样的结局，既不是因为事情的难度太大，也不是因为中间出了什么意外。而是这些人自己的心理状态出了问题，这种做事儿追求极致完美，容不得一丁点儿瑕疵的思想在心理学上被称作完美主义。完美主义心态是我们把时间变现的一个非常大的障碍，心心念念想的是一鸣惊人，结果却更有可能是一事无成。就像一个内容创作者一样，当灵感在头脑当中闪现的时候，他因为自己的这个想法而激动得彻夜难眠，发誓这次一定要写出让众人艳羡不已的文章来，然后就开始照着完美的标准进行构思。可是等到构思的时候才发现，想出来的那些方案怎么看都不像是能够让自己一炮走红的样子。于是干脆就推倒了重来，可是第二遍也很难让自己满意，而且是越折腾越觉得自己之前的想法靠不住。甚至都开始怀疑之前的那种自信只是一种幻觉，搞不明白当时为什么会那么激动。最后自己也不相信能写出那么好的文章来了，如果不是因为工作非写不可，多半也就到此为止了。

就算是因为工作的要求，不写不行，也会一直反复纠结到来不及的时候才匆忙下笔。要不就是急匆匆写完后连错别字和病句都来不及检查一遍就提交上去了。要不就是到了交付的时间还有很大部分没有完成，不得已只好请求对方多给几天时间。而且这对于内容生产者来说，几乎成了一个规律。有些人为了避免出现这种情况，都会在一开始就约定一个相对宽松的时间。可是，这个时间不管怎么留，最后都难逃这样的命运。这当中由完美主义而导致的拖延甚至是半途而废占据了很大的比例。只要不解决完美主义的心态问题，这个时间再怎么管理都无法执行。可是，这种完美主义的心理状态又该怎么解决呢？下面几个方法我们一起来了解一下：

没有完成就不可能有完美

有这么一条标语，被印在Facebook公司总部的墙上：完成胜过完美。没错，没有完成一切都等于零，之前付出得再多也都等于零。再好的计划，再牛气的创意，得不到实施变不成现实所有的资源都是浪费，包括时间在内。所以，当我们准备做一件事儿的时候，可行性才是最重要的，在这基础上再考虑怎样才能做得更好。

只有更好，没有最好

做事情想事情，一定要立足于现实，相信只有更好没有最好的道理。不要盲目奢求十全十美，我们能做的就是结合现实和自身的能力状态，把事情尽可能做得更好一些。但是这个更好一定要建立在对现实和自身条件充分了解的基础上，一切脱离这个基础的计划和想象都是空中楼阁，只能是虚幻的。

没有计划中的完美，只有实践中的完善

完美和完善虽然看起来有些相似，但实际上却能指引我们朝着截然不同的两个方向发展。执着于完美的人，很有可能永远只活在计划阶段，而且就在这个阶段也没办法达到所谓的完美。但是懂得完善的人，却很快就能把事情做出来。完成以后，再回头看，发现不足的地方马上开始优化。在1.0

版本之后，很快就能推出2.0版本和3.0版本，而事情也就在版本的不断升级中一步步接近于完美。最起码达到自己认为满意的程度是完全没有问题的。

最后我们来做一下总结，完美主义心态是阻碍我们把时间变现的一个重大障碍。想要让自己的时间变得更值钱，就必须要打破这种心态。具体的方法就是一切以可行性为准则，在充分了解现实和自身状况的基础上放弃最好，追求更好。别想那么多，先干了再说，然后迅速推出升级版本。用实践当中的完善来代替想象当中的完美。这样，完美主义心态就不会影响到我们的时间变现了。

请记录自己的"重启"时间

做事情一气呵成是我们一直都在寻找的理想状态，也只有在这样的状态下我们的时间才是最值钱的。但是往往理想很丰满，现实的骨感却经常硌得我们生疼。虽然我们已经尽力去避免了，但还是免不了经常被打断。也许，打断我们的事情并不是很大，也不需要太长的时间去解决。但是我们为此所要付出的代价，却远远超过打断我们的事情本身。

比如，当我们正在写一篇文章的时候，突然想起来有一个重要的电话需要回一下，而回这个电话并不需要很长的时间，也就是三五分钟的事情。我们觉得这没什么，不就是三五分钟吗？还可以承受，然后我们就去做了。

比如，我们正在做一份报表，这时候有同事过来请我们帮忙处理一点事情，时间也不长，十来分钟就可以完成。看看自己当前的进度，觉得就算是耗费二十分钟也能赶在下班之前完成。虽然比原定的完成时间稍晚一些，但是并不耽误下班，碍于同事的面子该帮的忙还是要帮的嘛。

比如，当我们正聚精会神地赶方案的时候，一个从茶水间泡咖啡回来的同事路过我们的座位。顺便站在旁边闲聊几句，看看自己的时间还来得及，又不好驳了人家的面子。也就愉快地陪他聊了那么一小会儿。

就是这种小小的打断会带来什么样的影响呢？无数的事实告诉我们，我们需要为此付出的代价要远远高于之前的预期。那个明明只需要三五分钟就能说明白的电话，可能我们真是用了三五分钟，但是手头的这篇文章却可能因此而晚了一两个小时甚至是更长的时间。而我们碍于同事的情面才答应下来的帮忙，虽然并没有耗费比预计更多的时间，但是我们却很有可能因此要加班许久。至于怕驳了同事的面子而闲聊的那一小会儿，则很有可能让我们因为晚了许久才提交方案而受到领导的批评。

这就是我们害怕被打断的原因所在，所以很多人都会在办公桌上贴上"请勿打扰"的便笺纸。这样做也许真的能够让我们少被打断一些，但是同事之间的关系也免不了要受到影响。尤其是那些在家里工作的自由职业者，由于不用早晚打卡上班，在别人的眼里就像是一个闲人一样，他们被琐事打断的概率会更高一些。为了避免这种情况的发生，很多人不得不在晚上工作，把自己变成夜班族。可是长期如此，生活和健康也会受到很大的影响。让很多人感到不解的是，为什么我们明明只是"借用"了一小点儿的时间，却会造成这么严重的影响呢？处理这些琐事我们并没有超出预计的时间呀，那么多的时间都浪费在什么地方了呢？

这是为什么呢？这跟我们的注意力特征有着很大的关系，当我们在做事情的时候，我们的注意力都专注在这件事儿上。这个过程被其他的事情打断，不管时间的长短我们的注意力都会转移。这个时间越久，我们脑海当中对原来事情的印象就越浅。所以，当处理完琐事准备重新开始的时候，我们就会发现竟然找不到原来的感觉了。就算是坐在那里也不可能有原来的状态了，尤其是在创作时思路被打断，再次返回以后经常会一点思路都没有。想要再次开始工作，我们就不得不强迫自己回忆之前的思路。虽然大部分时候还是能够进行下去的，但是真的需要时间。研究显示，人们在被琐事打断之后，想要重新进入工作状态，一般需要30到50分钟。如果是一个绝妙的灵感被打断，我们彻底失去它的可能性也是非常大的。这还是我们在全力以赴的时候，但是很多人在这种情况下都容易把注意力转移到其他的事情上。比如，当我们返回到座位上时，感觉已经没有之前的状态了，很多人都会选择去沏杯茶或者是泡一杯咖啡。再或者是下意识地拿起手机，或者是点开电脑页面的新闻，然后注意力就被打劫走了。因为这时候我们的注意力处于游离的状态，一不小心就会被别的事物吸引。这就不难理解，为什么明明只是三五分钟的事情，我们却经常要付出几个小时甚至更久的时间代价。那是因为，我们重新启动的过程实在是太长了，而且这个过程中还很容易跑偏。

难道我们就非得如此吗？其实也未必。也有不少人，他们处理在被打断的事情的时候受到的影响就比大多数人要小很多。因为他们具有一种快速切换的能力，或者说是他们重启的时间要比大多数人少很多。怎么才能做到这点呢？我们可以通过训练自己的注意力，不断提升对注意力的掌控能力，不过这是一个缓慢提升的长期过程。具体的方法我们在后面也会提及。现在分享几个立即就能用得上的小技巧，有助于我们在短时间内改变这种被动的局面：

模块化思维

什么是模块化思维？就是把工作分成几个相对独立的模块，各个模块之间形成一种既连接又独立的关系。如果这么说并不是那么好理解的话，我们不妨想象一个章回体的小说。跟别的小说比较起来，章回体的小说每一章跟上下章之间都有着必然的联系，但是又保持了一定的独立性。每一章都是一个相对完整的故事，就算是没有读过之前的章节，也能很容易理解这一章的内容。模块化思维追求的就是这样的效果，把一件事情分成一个个相对独立的部分。中间即使被打断，也不会从头开始厘清思路。这样我们重新进入状态就变得容易很多了。当然，这得保证不能在一个模块中间被打断。如果有人请帮忙的话，不妨请他稍等，待完成一个独立模块之后再帮忙也不迟。所幸的是一件事情经过模块化处理之后，每个模块所需要的时间也是有限的。

给事情留个挂钩

为什么被打断之后我们需要那么长的重启时间呢？那是因为当我们准备重新开始进入工作状态的时候，我们的注意力很容易迷路。为什么会迷路，不就是因为没有明显的标记吗？如果我们能够在离开的时候做一些明显的标记的话，事情是不是就会变得更好一些呢？这就是我们要做的事情，离开的时候给事情留个挂钩。比如写一篇文章，如果中间被打断再回来的时候根本就不记得原来是怎么想的了，怎么办？虽然我们讲过模块化，但是不要写完一段就走，而要给下一段开个头，这就是个挂。然后再用一个小便笺写上下一段所要表达的核心，这就是个钩。有了这样的挂钩，我们再次开始的时候在它们的提醒下很快就能重开思路。

画个地图，按图索骥

有了上面的这个挂钩，我们很快就能重新想起被打断的时候的思路。但是却未必能够想起之前的整体构思，很可能走着走着就偏离了初衷。这个问题怎么解决？为了不让注意力迷路，我们就需要一份地图。我们经常用的时间管理表格是不行的，这里面并不能清晰地表明这件事情的内在的逻辑。我们前面提到的思维导图倒是个不错的选择，它的好处我们在前面也已经过了解。

抗压系数，了解自己的心理负重能力

有一种状态非常糟糕，哪怕是之前做的计划再怎么周密，准备工作做得多么充分。或者是自己对这件事情有多大的把握，但是一旦这种状态被触发，所有的一切就都不存在了。这究竟是一种什么样的状态？我们举个例子来了解一下：

有一个口才相当不错的年轻人。平时说起话来妙语连珠、风趣幽默。不仅条理清晰，而且还言之有物。不管是想要说服谁，还是想要安慰谁，只要他一开口就很少有达不到目的的时候。有一次公司里举办演讲比赛，部门经理一看这事儿必须得他去才行呀，这比赛简直就像是为他量身打造的一样。他要是代表部门参加的话，肯定能取得不错的成绩。为此，经理还特批了两天假让他准备。年轻人也很珍惜这次机会，光是演讲稿就改了好几遍。一直到比赛的头天晚上还在不断地练习。可是一到了台上，面对主席台上的评委和下面黑压压的听众，脑子里瞬间一片空白，舌头也开始打结。这样的表现自然也不可能取得什么好成绩了。

在上面的这个例子当中，计划是很好的，主人公也确有实力。但是结果却惨不忍睹。为什么？因为触发了那种非常糟糕的状态。那就是情绪的失控。或者换一种方式来说就是心理抗压能力太差，在压力之下精神处于崩溃的状态，不管能力多么出众，计划如何周密，也都无从施展。这种抗压能力不足，不仅表现在面对恐惧和压力的时候，其他的各种负面情绪都会导致他们精神的崩溃。比如现在很流行的一个词"玻璃心"，这些玻璃心的出现也是因为他们的心理抗压能力不足。面对外界的各种刺激，随时都可能出现崩溃或者是暴走的状态。

现在很多企业的管理者很惧怕这些玻璃心的员工，这类员工就算是犯了再大的错误你都不能批评，一句重话都说不得。在管理者看来有些话只不过是就事论事的批评而已，但是在他们看来就是针对他们人格的侮辱。轻则当面落泪，背后埋怨。重则当场暴走，马上辞职。在生活当中这样的人也是很难相处的，在说话者看来不过是一句无心的话，但是听在他们的耳朵里可就完全变了味。这种说者无心，听者有意的情况，经常会导致情侣之间的争吵或者是朋友之间的决裂。而这些抗压极差的人，他们的时间管理做得再到位也很有可能徒劳无功。

让自己的情绪变得更加可控，让心理变得更加坚韧，让我们拥有更强的抗压能力。只有做到了这些，带着一颗玻璃心的人们的时间变现计划才有可能实现。可是，怎么才能让自己拥有更强的抗压能力呢？有一种能力叫作"钝感力"，它能够在这一方面给我们带来很大的帮助。钝感力到底是什么意思呢？钝感力这个词是日本著名作家渡边淳一的原创。在渡边淳一看来，钝感力并不是我们通常所理解的迟钝、反应慢，而是一种能够带给我们很大帮助的能力。具体来说就是让自己的内心变得不再那么敏感，对于人生当中的挫折和压力保持从容和淡定。为了让大家更好地理解这个钝感力。渡边淳一在他的《钝感力》一书当中提到了这样一个例子：

渡边淳一当年在医院工作的时候，有一个年轻的同事S。我们都知道在日本社会当中是非常讲究论资排辈的，刚刚参加工作的年轻人哪怕是拥有再强的能力也都要乖乖接受前辈的教训。这位年纪轻但是能力强的S所面临的就是这样的处境，尤其是S医生的指导教授对他更是出奇地严厉。稍有不慎就会招致丝毫不讲情面的批评，但是不管教授怎么批评，S医生都从没表现出委屈和不耐烦的意思。反而会在教授批评过后再虚心地向他请教，以便尽快地弥补自身的不足。没过多久，这位S医生就成了全医院最优秀的外科医生，后来还成了这家医院的院长。

其实不光是渡边淳一所讲的这个故事，就连渡边淳一自己也是这个钝感力的受益者，同时也是钝感力的忠实践行者。当渡边淳一刚开始文学创作的时候，经常参加一个文学沙龙，这个沙龙上聚集了一大批跟他一样的文坛新人。这里有一位的才华是他非常钦佩的，渡边淳一把他称为O先生。后来这个沙龙当中出现了五六位对文坛产生了巨大影响的优秀作家，但是这位才华出众的O先生早就已经在文坛上消失了，原因就是太容易受伤。因为大家都是刚刚步入文坛的新人，约稿自然是等不来的，都是他们辛苦创作以后主动投稿，而投稿的结果十有八九都是泥牛入海，杳无音信。在这种情况下，很多人都会尽快调整自己的状态，从头再来。只有这位O先生，感觉自己的自尊心受到了伤害，遇到这样的情况就开始变得消沉起来，一直到后来从文学界消失。

关于钝感力对年轻人的重要性，360的创始人周鸿祎先生也曾说过这样的话："人在年轻的时候，还是应该迟钝点，让自己的心变得粗糙点，能够承受各种锻炼和痛苦。你可以选择在年轻的时候肆意妄为，但如果没有趁年轻打下一片基础，凭什么在中国这样一个环境越来越复杂、竞争越来越激烈、CPI越来越高的地方生存下去？"既然，钝感力对我们来说这么重要，那我们又该怎么去修炼自己的钝感力呢？渡边淳一先生在他的《钝感力》当中给出了下面几点建议，让我们一起来学习：

迅速忘却不快之事

认定目标，即使失败仍要继续挑战

坦然面对流言蜚语

对嫉妒讽刺常怀感谢之心

面对表扬，不得寸进尺，不得意忘形

哄自己开心需要几分钟

关于情绪和抗压能力，我们知道了来自渡边淳一的钝感力，也得到了渡边淳一关于修炼钝感力的五点帮助。可是情绪是我们与生俱来的本能，它是我们区别于机器的基本特征。相关研究表明，我们所面对的生活只有10%是由发生在身边的事情所组成的，剩下的那90%都来自我们对这些事情所做的反应。也就是说，我们生活的方方面面都充斥着情绪的因素。哪怕是那些大家公认的脾气好的人，或者是最顺遂、最幸福的人，他们也不可能永远拥有好的情绪。虽然我们前面也说过钝感力，但是那也没办法让我们永远隔离不良情绪。况且情绪对我们来说，也不是只有不好的一面，我们要做的不过是要尽可能地避免负面情绪给我们带来的不良影响。

怎么才能避免负面情绪对我们的影响呢？一个最简单的问题，你需要用多长时间才能把自己哄开心？同样是不开心，不管是忧郁也好，愤怒也好，每个人把自己哄开心的时间都是不一样的。有的人善于制怒，面对别人的挑衅只需要几个深呼吸就能让自己恢复理智。有的则事情都过去好几年了却还是一副耿耿于怀的样子。当然，这说的不过是两类比较极端的人，更多的人则是需要几个小时到几天的时间才能把自己哄开心。不过我们却可以从其中看到相当大的差距，当然他们之间的差距可不仅仅是他们不开心时间的长与短。这种不开心时间长与短的区别，就决定了他们时间的不同价值，甚至是人生的不同价值。因为我们知道，在负面情绪影响下我们不开心的那段时间，我们的时间价值是会无限贬值的。某些负面情绪还有可能导致我们遭受更大的损失，比如我们在受到负面情绪影响的情况下所做出的决策。所以，如果一个人能够在最短的时间内把自己哄开心，他在避免负面情绪的影响上就做得不错。

需要注意的是，我们说的是把自己哄开心，而不是强压怒火，强迫自己装出一副云淡风轻的样子。虽然很多时候，为了迷惑自己的对手我们确实需要这么做。但是那最多就是个权宜之计，偶尔为之还行。如果以这种方式来跟我们的负面情绪相处，最后受伤害的还是我们自己。这种伤害不只是在时间价值方面，甚至对我们的精神和身体健康方面都会带来不可想象的伤害。夸张一些的说法就像是小说或者是影视剧的桥段，人前若无其事，人后一口老血。客气一点的就像是我们中医的那句老话：十病九气。

情绪不能隔绝，负面情绪也不能硬扛，我们就只剩下这一条路能走了，那就是哄自己开心，跟自己的坏情绪和解。怎么才能哄自己开心呢？对自己说别生气了，生气不好？或者说别跟某些人一般见识？实话实说，这些话是好话，说得也都对，但是用这些话来开导自己怕是没有什么实际作用的。因为我们要跟自己的坏情绪和解，靠的不是自己的大度或者是所谓的劝解。而是我们对坏情绪本质的认知，只有认清了坏情绪的本质，才算是真正地看透、看开了。也只有看开了之后，才能做到真正意义上的和解，而不是强迫压制负面情绪。

曾经有网友在简书上叙述自己的烦恼，说自己通过网络平台购买了一个小包。快递送到的时候，她让老公下楼去取。还没进门，她老公就拎着包开始抱怨："买这么小的一个包，也不知道你能装进去什么？"她接过包一看，确实比图片上的要小很多。可是跟商家沟通，店家说不是质量问题不能退。这让她心里很是不快，但是这时候老公的吐槽模式也刚刚开始。听说商家不给退货，就开始了各种吐槽。

"你看你能干点啥？买东西也不知道提前看清楚。"

"这回亏大了吧？跟你说就这价格在实体店里都能买个不错的包了，你却买了个这玩意儿。"

"跟你说你这就是败家，你的微信上就不能有点钱，非得被你败光了不可。"

听着老公不停的抱怨，她心中的怨气也是越来越把持不住。觉得自己不过是买了一个包而已，自己又不是不挣钱，凭什么就这样没完没了地唠叨。本来还想晚饭后再加个班呢，现在这样的心情，就连晚饭都懒得去做了。幸运的是，她最近刚好在看一些怎么控制负面情绪的书。想到自己现在的状态，就开始进行反思。自己到底是为了什么才生气的？店家没给退货，她虽然不乐意但也不至于这么生气。至于老公的抱怨，人家说的大部分也都是事实，也犯不上这样。后来终于想明白了，她最介意的其实就是老公的那句"你看你能干点啥？"因为小时候父母经常用这句话来教训自己，现在这句话几乎就成了自己的逆鳞。发现自己生气的真相之后，她的情绪就变得没那么激动了。然后跟老公说，这次确实是自己疏忽了，但是请不要用"你看你能干点啥？"这样的话来吐槽自己，她真的很介意这句话。

听到她这么说，老公也觉得自己说得有些过分。想想媳妇平时既要上班，下班还要做家务，其实还是挺能干的。也就真诚地向她表示了歉意，并说以后再不说这样的话了。不难看出，在跟自己的负面情绪和解这方面，她确实是做得很优秀。当意识到自己的负面情绪之后，没有不管不顾地爆发，而是进行自我反思，找出生气的真正原因，然后再想办法来解决。这真的是一个非常不错的方法。

合理情绪心理疗法的创始人艾利斯认为，很多时候激起我们负面情绪的并不是事情本身，而是我们对这件事情的看法。所以，要想跟自己的负面情绪达成和解。我们需要考虑的不是他们为什么会这么做或者为什么要说这样的话。而是要进行内向探究，看明白我们到底是为了什么而生气，很显然不是刻意为之，不可能对方的所有言行都让我们无法接受。很有可能是某一句话或者是某一个举动导致了我们负面情绪的产生。找到这个源点之后，我们再进一步思考，为什么我们会对这个点这么敏感？这个问题的答案找到了，跟自己的情绪和解就会变得非常容易。而且用这样的方法来哄自己开心，不会让自己觉得委屈，自然也就没有憋出内伤的危险了。

我们再来梳理一下，想要学会这个尽快哄自己开心的方法。首先要做到的就是承受并接纳自己的负面情绪跟自己有关。很多人是不愿意承认这一点的，当自己不开心的时候，他们内心的归因导向会让他们觉得都是别人招的，跟自己没关系。其次就是要找到那个让自己生气的具体原因。最后再做更深一步的思考，找到隐藏在自己内心深处的根本原因。做到了这三步，你哄自己开心的速度就能比其他人快很多。我们的目的也就达到了。

别再让时间在左右摇摆中溜走

在我们的生活中有两个时间黑洞让我们苦恼不已，一个是等待的时间，另一个是选择的时间。等待的时间大家都很熟悉，现在出门办事儿好像就没有不需要排队的时候。尤其是在路上，如果遇上了堵车的情况，少则一两个小时，多则半天都是很正常的事情。而选择的时间也并不比等待的时间少多少。特别是对于一些选择困难的人士来说，这种情况就更严重了。据相关统计显示，人一天大概要面临七十多个选择。可以想象，如果不能快速做出选择的话，七十多项选择会耗费掉我们多少时间。尤其是对于那些每天日程都安排得满满的职场精英来说，如果他们把时间浪费在选择上的话，那每天的日程安排就很有可能会变成一张废纸。

虽然选择会耗去我们大量的有效时间，可是这个过程我们却不容疏忽。不是有句话叫选择比努力更重要吗？无数的事实证明，这句话绝不是随便说说那么简单。同样一件事情，选择什么样的方法，往往对结果有着决定性的影响。这貌似又形成了一个两难的局面，不认真对待吧害怕以后会付出更大的代价，一旦选择出错，后面所有的努力都会白费，还会浪费很多其他的资源。可是考虑得太多，时间的耗费又太过惊人。顺着这种思路，不少人都觉得反正只能在这两难的困境当中做单选题了，相比选择错误所要付出的代价，其实浪费一些时间也还是比较能接受的。有了这样一个合情合理的理由，这个时间黑洞就变得更加厉害。当他们意识到已经浪费了不少时间的时候，就会这么安慰自己："毕竟这是一件很重要的事情，急躁不得。这也是没办法的事情。"然后就可以心安理得地继续纠结下去了。

这样下去事情会变成个什么样子呢？兄弟争雁的故事我们都听过。那对箭法超群的兄弟在看见大雁从头上飞过的时候，为了烤着吃还是炖着吃争论不下。最后在村里长者的帮助下，兄弟两个终于达成了一致。烤一半、炖一半，这当真是个不错的决策，兄弟两个各得其所。可是当他们张弓搭箭准备开弓的时候，天空中哪里还有大雁的影子。

这个故事我们尽可一笑置之，但是现实中当我们心里的几个小人儿也争论不休的话，等到最好的时机错失以后就真的笑不出来了。而且，我们必须要在时间和对错之间做出单选的困境本身就是一个假象。它背后的事实，对我们来说既可以说是一个好消息，也可以说是一个坏消息。为什么又是好消息，又是坏消息呢？因为这件事儿的关键其实是一个快速决策的能力，如果掌握了这个能力，做出正确选择的概率高却不一定需要耗费多长的时间。反过来说，如果不具备这种快速决策的能力，就算是耗费再多的时间，做出正确选择的概率也未必会高。所以，在做选择这件事儿上，很多时候是越纠结错误率就越高，而不是在正确和省时之间做选择。关键是你得修炼自己快速决策的能力。既然快速决策的能力这么重要，我们怎样才能提升这种能力呢？下面几个原则，是我们能够做好这件事的关键。

认清选择的本质

什么是选择的本质？选择的本质就是取舍。很多选择困难的人，都是在心态上出现了问题。他们在几个选项之间摇摆不定，经常觉得这个好，那个也不错。其实就是因为哪个都想要，哪个都舍不得放弃。带着这种贪婪的心态，是永远都不会做出高效、明智的选择的。就像是苏格拉底告诉我们的那样。古希腊的哲学家苏格拉底曾经带着他的弟子们做过一次试验。他把这些弟子带到一片麦田跟前他们说：

"你们从这头走到麦田的对面，选出最大的那个麦穗，摘下来交给我。记住，机会只有一次，而且是只能往前走。不许后退也不许回头，我在麦田的那一头等你们。"

这个考试看起来并不是很难，不就是把看到的最大的麦穗摘下来吗？有什么难的。可是弟子们到苏格拉底面前的时候，很多人手里都是空空的。还有不少人只顾着看麦穗了，都没抬头看看已经走到尽头了。这个过程当中他们肯定都曾看到过自己以为最大的那个麦穗，但是很多人没办法下定决心。根本原因就是舍不得放弃再次选择的机会。其实苏格拉底这么做就是为了告诉他们，做选择就得懂得取舍，如果不肯舍弃未来看到更大麦穗的权利，就永远无法得到摘下眼前这个麦穗的可能。

给自己弄一个决策板

什么是决策板？可以是一张纸，可以是在电脑屏幕上，也可以是一个随时能修改的小黑板或者是小白板。目的就是把脑子里面那些不舍得放弃的，担心会发生的事情全部呈现在这个决策板上。每个方案都有自己的优缺点，都有自己可能会得到的好处和最有可能发生的不利情况。几个方案的优缺点都要写出来。然后在这些方案里采取排除法，先找出那些觉得最不重要的事情，然后按照重要和害怕程度一直找出最想要的或者是最害怕的事情。看看这两件事情都在哪个方案当中，如果有一个方案既有你最想要的东西，又有你根本承受不了的败局，那只能说做这件事儿，现在还不具备实施的条件。之前有一个游戏，把身边认为最重要的十个人写出来，然后每次从中画掉一个最不重要的人。剩到最后几个的时候，很多人都已经泣不成声了。不知道原来设计这个游戏的初衷是什么，我们的目的就是利用决策板找出自己真正想要的东西。这样才能快速做出更加合理的决策。

小事练习，大事实践

决策板虽然能够帮助我们在较短的时间内把脑子里乱哄哄的念头捋清楚，排除掉那些看起来重要其实并不怎么重要的事情，找到真正想要的东西。从而快速做出合理决策。但是想要熟练地使用也不是一朝一夕的事情，这得依靠长期的练习才能做到。所以，平时一定要注意练习，小到一次网购，当你因为要不要购买某种商品而犹豫不决的时候，就可以使用决策板来练习。只有通过大量类似这些小事的不断练习，让思维形成习惯定式，才能在遇到重大事情的时候用得得心应手。如果这种思维习惯够牢靠的话，有些事情离开了决策板的辅助也能快速做出决策。这时候，我们才算是真正地掌握了快速决策的能力。

第四章

读懂熵，超越混沌给时间保养

明确的目标规划是时间增值的关键

我们再从一个新的维度认识时间的逻辑，先认识一个物理学领域的新概念：熵。熵是1854年由克劳修斯提出来的用来度量体系混乱程度的单位。然后这个概念又被应用到经济学、哲学等不同领域。到1948年《熵：一种新的世界观》出版以后，熵的使用范围就更广泛了。我们对熵的最简单的理解就是混乱程度，比如说信息熵，就是指信息内容的混乱程度，信息熵越大信息内容的传播效率就越低下，理解和传播的成本就越高。我们把熵的概念用在事务管理上，所要表达的就是事务管理的混乱程度和所耗费的时间之间的关系。事务管理的熵越大，事务的混乱程度就越大，我们处理事务所要耗费的时间成本就越高。我们从熵的角度理解时间的意义在于超越混沌、梳理杂乱，最大限度地降低对时间的消耗。所以，我们这一章的核心关键词就是：规划。

我们总是很羡慕那些火箭式上升的人，但是有些人勤勤恳恳了十多年却还是一事无成。但是你应该也听说过这样一句话：有的人用一年的时间收获了别人十年的经验，但是有的人却用十年的时间得到了别人一年的经验。前面的那类人，他的过往能够被称为经验。但是后面的那类人，他的十年就只能算是经历了。生活当中也是如此，刚毕业的时候大家差不多都是一样的，两三年后便慢慢地有了差距，等到十年聚会的时候这种差距简直可以用天壤之别来形容了。同样的十年时间，有的人身价过亿，有的人却依旧为月底还不上房贷发愁，甚至还有的人连还房贷的资格都没有。而且越是看起来很废的人，他们的生活往往就越辛苦、劳累。他们的状态好像是在说明这一切跟所谓的努力和勤劳是没有任何关系的，那些过得好的人，他们只不过是因为运气比较好而已。

难道真的是因为运气吗？如果非要说是因为运气的话，我们只能说他们这十年当中幸亏有一个明确的规划。没错，事实就是这样，他们所谓的好运的背后其实都是明确规划的功劳。当然，他们跟那些过得不怎么样的人一样地努力、一样地辛苦。只不过因为努力的方式不一样，让他们看起来并没有多么辛苦而已。比如，拥有明确规划的人，他们会经常出去转转，参加各种聚会，经常找一些人坐在一起聊聊天。因为他们经常会做一些类似这样的闲事，所以他们的努力看起来并不怎么辛苦。而那些没有明确规划的人，他们的生活中永远只有忙碌，忙得没时间独处，没有时间出门，这样的生活看起来是那样的忙乱不堪，忙得不可开交。所以，很辛苦。看起来非常努力，非常辛苦的人，生活依然过得很废。而那些看起来不怎么辛苦的人，他们的人生却贵得吓人。当我们对此百思不得其解的时候，就只能甩锅给运气了。毕竟运气这个事儿本来就显得那么不靠谱，让它背这个锅很多人都会表示认同的。尤其是那些明明很努力却依旧不如意的人，他们也是这么想的。

但是，如果我们想要有所改变的话，这种想法是绝对不能有的。如果我们把自己的人生交给了一直都不太靠谱的运气的话，那才真的是很不靠谱的决定呢。可是，这也不是一两句话就能改变的事情，如果真的这么简单的话就不会有那么多人相信运气说并不愿改变了。要想改变这一点，首先得看明白没有规划的努力到底有多糟糕。

首先，没有规划的人生是不可能真的努力的，有的只能是假装努力，或者是为了努力而努力。比如职场，如果有一个明确的规划。三年升职为经理，五年成为副总经理，八年后开始自己创业。不管是哪种规划，一旦有了就会开始进入真正的努力模式。他会把自己的现状和优秀的经理进行对比，看看自己要成长为一个优秀的经理，还有哪些方面是自己欠缺的。然后就会自发地开始学习，很多时候为了获得某种实践和锻炼的机会主动承担不属于自己的工作。然后就会得到领导认可的更多的机会。这时候他的努力就会变得很有价值，他就能在短时间内获得极大的提升。

而对于自己的职业生涯丝毫没有规划的人呢？多半只是在混日子，他们心里对工作的期望永远都是传说中的钱多、活少、离家近的那种。舒适，就是他们对工作的全部诉求，可是这种舒适是最能毁人的。不管他能力才华如何，一旦陷在舒适区里不肯出来，他的人生也就此沦陷了。不过这种工作基本上永远都只存在于传说中，现实中遇不上这样的好工作和好老板、好上司，他们对待工作也会特别地苛刻。能力强的会秉承拿多少钱干多少活的原则。对得起自己的工资是他们所能做到的最好状态了，当然他们并不是不能做得更好，而是他们不允许自己那么做。至于能力没那么强的呢，他们的原则就是没有功劳也有苦劳。反正一天到晚不停地忙就对了，最起码也是看起来很忙的那种。至于结果什么的，那是领导才需要考虑的事情，自己又不想当领导。

当然也有那些天生就闲不住，就算是没有规划也依然忙不停的人。不过他们的忙碌最多也只是让自己变成办公室的便利贴，一天到晚都在做一些毫无意义的事情。这种"便利贴"式的同事，对其他同事而言简直是一种福利。因为他们很乐意做点什么，但是又不知道到底该做点什么，闲着就会觉得很茫然，觉得自己的生活很没有价值。如果有人能够请他们帮忙做点什么的话，他们不仅因为有事可做而变得开心，还会因为自己被别人需要而感到无比欣慰。但是同事所能请他们帮忙的事情，基本上都是一些很简单但是很耗费时间的事情。比如，周末同事要去参加一个技能提升课程，请他帮忙去公司接客户的一个快递；同事有更重要的事情要做，让他帮忙送一份文件给客户。这样的忙碌和努力还怎么指望它有什么价值呢？

如果把时间和努力比喻成砖的话，有规划的努力就像是在铺路，按照自己预先的设想，或者铺向远方；或者垒成台阶，可以让自己踩着一步一步往高处走。但是对于完全没有规划的人来说，如果是因为没有规划就沉迷在舒适区里，坚持只做自己分内的事情，给多少钱就只做多少事情，多一点都不肯做。那这十年的时间所制成的砖，他们是用来垒监狱的，把自己永远囚禁在里面，二十年、三十年以后他也依然只能是这个样子。而且是越来越难以改变。如果是虽然无任何规划的但是依然显得很努力，根本停不下来的人呢？他们的砖其实是用来砌墙的，这种无效的努力所砌成的墙把自己跟成功和高效人士隔绝在了两个完全不同的世界里。而且是时间越久翻过这堵墙的可能性就越低。难道还不够明显吗？不管是能力如何，不管到底肯不肯努力，规划和不规划之间的区别就是这么明显。如果我们也想让自己的人生变得很贵，让我们的时间变得很值钱。千万别再说那些时间价值很高的人都是因为运气很好，我们既然看到了规划和没有规划的区别，接下来要做的自然就是要好好规划自己的人生了。毕竟这些年你是在铺路，还是在自我囚禁，或者是在努力地砌墙，这中间的区别可是非常大的。

真正的规划，都是自带路径的

我们知道有些人的人生真的很贵，他们的人生之所以很贵，那是因为他们的努力都是提前规划好了的。所以，很多人看到这一点之后，都会有重新规划自己人生的想法和冲动。毕竟让自己的人生变得很贵，这是很多人都向往的事情。可是很快我们就发现，事实跟我们预先设想的一点都不一样。因为当我们尝试过以后才会发现，虽然我们也做了规划，也付出了不少的努力，但是我们的时间和人生依然没有变得很贵，甚至连一点变贵的迹象都没有。这就让人变得很是疑惑，为什么别人规划人生，人生就可以变得很贵。我们同样对人生进行规划，可结果却总是事与愿违呢？这到底是因为什么呢？是我们的人生规划出了问题，还是他们的人生之所以很贵是因为运气，所谓的人生很贵是因为规划根本就站不住脚呢？这个问题我们先不给出具体的答案，我们先来看看有些人的人生规划是怎么做的？

曾经有一个很具有古典美的女孩子，她说她未来的人生规划是在自己老家所在的城市开一间集摄影和茶艺于一体的休闲空间。因为她是一个喜欢摄影的茶艺师，她希望通过自己几年的努力实现这个目标。面对这样的一个女孩子，面对她对自己未来八到十年间的人生规划，很多人会觉得这规划简直太棒了。能够从自己本身的情况出发，做自己喜欢的事情，还有比这更棒的事情吗？没错，如果规划可行，这确实是一件非常棒的事情。但是问题的关键就在"规划可行"四个字上面，到底是不是可行才觉得这件事儿是不是很棒？那么到底是不是可行呢？这也是我们所关心的问题，于是就有了下面的一系列问答：

问：老家所在的城市，人们有去茶室喝茶的习惯吗？有没有做过相关的调查和了解？

答：没有，这个还真是不太清楚。我只是有这么一个想法。

问：你准备在哪个位置开这样一间茶室，大概需要多大的面积？那个地段的租金情况怎么样？

答：租金我没有了解过，但是几年以后肯定还会更贵。我的钱不是很多，肯定会选一个偏僻的地方，那样成本就能降低一些。多大的面积我没有想过。

问：如果你选择在偏僻的地方开这样一间茶室，你的客源怎么解决？多长时间可以回本，盈利点在什么地方？

答：我选择把茶室开在偏僻的地方是因为我没有多少资金，至于客源等开起来之后再说吧。至于什么时候能回本，我就更加不知道了，事情还没开始做就考虑什么时候回本是不是太早了点。你说的盈利点是通过什么方式赚钱吗？我觉得只要茶室开起来了，盈利就是水到渠成的事情，不是说没有不开张的油盐店吗？

问：你是自己负责经营还是找人管理呢？自己经营有过这方面的经验吗？找人经营大概需要多少的成本？如果茶室处于持续亏损的状态，你大概能够坚持多久？

答：我只是一个喜欢摄影的茶艺师，我这么做是因为我喜欢这样的环境。但是你要说让谁来经营，我还真的没有考虑过。反正我是做不来这些事情的，我只是比较享受这样的环境。持续亏损？我想不至于吧？我怎么可能这么倒霉呢？

这是某次创业论坛上一位学员的真实问答情况。如果，我们说的是如果，实际上事情很有可能根本就做不到这一步。如果说她的这个茶室真的开起来的话，会是一种什么样的结局呢？相信大家得出的结论是高度一致的：就算是侥幸开起来了，也坚持不了多久的。而更大的可能是这个规划当中茶室根本就开不起来。那又是什么原因导致的呢？选址？盈利模式？还是客源？都不是，因为根本就到不了这一步。如果是真的需要一个原因的话，那就是态度。我们说规划，什么是真正的规划？首先你得是认真的。规划不是说梦话，也不是说胡话，我们得以认真务实的态度考虑这件事儿。而不是张起嘴就说，说过就忘了。我们看上面这个姑娘的故事，问题就是出在这里。她说自己的规划是开这样的一间茶室，但是始终处于一种做梦的状态。从来没有认真考虑过这当中的任何一个问题，原因就是她"比较享受这样的感觉。"除了这句话她是发自内心之外，其他所有的话都是在开玩笑。她根本不知道自己说的这些到底意味着什么，也不知道她需要做一些什么事情。所以，她这是一本正经地在跟所有人开玩笑，也包括跟她自己。如果这件事儿她自己当真了，结果会是非常惨的。

可是，我们必须得明白，她真的不是故意的。她之所以敢在台上这样一本正经地开玩笑，不是因为她胆子大，而是因为她不知道她是在开玩笑。所以，在开玩笑这件事儿上，她也是很认真的。这正是危险的地方，这样的玩笑如果不遭遇一连串直击灵魂的拷问，她自己也会当真的。其实这样的例子并不在少数，很多人在做规划的时候，都觉得自己是非常认真的。但是很多人都是在一厢情愿地放卫星。很多人动不动就说我要超越某某，我要跻身某个行列。基本上都是非常能拿得出手的、非常有排面的目标，也确实是他们想要的，但是却缺少必要的路径和方法。

让我们再说回规划本身，什么样的规划才是真正认真的规划？只有认真的态度也是不够的。有三个要素，必须要具备，少了其中任何一个都只能是一本正经地开玩笑。这三个要素就是目标、路径和方法。所谓目标，你想要什么，或者是你想要做成一件什么样的事情？这就是你的目标，只要它够清晰、够具体，它就是个不错的目标。目标不是不可以大，只要你的路径合理就没有什么是不可以的。什么是路径，就是从你目前的现状出发，到你所指定的这个目标，你努力的方向和路线。你有一个目的地，你还得知道自己走哪条路才能到达，这就是路径。这个路径是不是合理，就是以目前自己的状况这条路能不能走得通，如果这条路暂时走不通，怎么让自己具备这种能力，这就是当下就能采取措施的方法。如果一个人的规划一直落实到了当下就可以去做的具体的方法上，这个规划才是真正可行的规划。上面的故事当中那一连串直击事情本质的提问所包含的就是路径和方法，而从她回答的情况来看，这些她显然是没有认真思考过。所以，她所谓的规划真的是在一本正经地开玩笑。不是规划没有用，也不是生活在跟她开玩笑。而是她所谓的规划只是看起来像是规划而已，是她先跟生活开玩笑的。

做一规划高手，你需要一个模型

有的人能够通过一个有效的规划提升人生的段位，但是有的人做规划却像是在开玩笑一样。所以我们说，在为人生做规划这件事儿上，必须要严肃认真才行。而这里所说的严肃认真并不仅仅是一种态度，很多事情也不是光靠态度就能做好的，还得有过硬的本领和靠谱的方法论，不然根本就经不起那一系列直逼事情本质的连环考问，而且在没有靠得住的方法论的加持下，这事儿你越是认真它看起来就越好笑。虽然，我们也说了一个靠谱的规划应该是什么样的，它应该具备哪些要素。但是并不能帮我们解决怎么做的问题，而这个问题得不到解决的话。前面我们说的那么多的内容，做的那么多的努力也就没有任何意义了。所幸的是，这样的事情是不会发生的，因为我们已经准备了做好规划所需的一个模型，它能很好地帮我们解决怎么做的问题。

在接触到这个好用的模型之前，我们先来认识一个人。他是全球职业规划师，也是国内最贵的职业规划师。他是新精英生涯创始人，他的代表作《拆掉思维里的墙》《你的生命有什么可能》《跃迁：成为高手的技术》。他就是致力于年轻人跃升和精进的古典老师，他跟年轻人说得最多的一句话就是："成长，长成自己的样子。"什么叫作"长成自己的样子？"就是按照预先的规划生活和发展，把自己变成规划当中的那个样子。我们要说的这个模型就是古典老师推荐给年轻人的人生规划神器：车、日、路模型。想要说明的是，这个模型并不是古典老师的原创，但是这个原本只是用在年轻人职场规划的模型却深得他的青睐。他总是会不遗余力地向年轻人"安利"这个模型，希望他们能够通过这个模型对自己的人生进行规划，然后再长成自己的样子。他对年轻人说得最多的一句话："要知道你是一辆什么车。"就是来自那个模型。

我们再来仔细说说这个模型到底是怎么回事儿。车、日、路模型最核心的理念其实就是几个比喻。说车、日、路先得说一个场景，在一个周末的早晨，你准备来一场自驾游。要想获得美妙的体验，头脑一热说走就走是不行的，漫无目的的走哪算哪也是不行的。出发之前你得谋划一番才好。不然就会出现高速上没油抛锚或者是把超跑开到越野路面的尴尬局面。可是我们要怎么去谋划才能好一些呢？总得要有个方向吧。没错，车、日、路就是需要重点考虑的核心因素。我们来一一细说：

首先说车，自驾游嘛，车是能够把你带到想要去的地方的工具，这个车的问题是第一个需要彻底搞清楚的事情。你开的是一辆什么样的车，它的动力情况怎么样？越野性能怎么样？涉水路段能不能通过？爬长坡有没有压力？这些都是要考虑清楚的。

其次说日，最直接的理解就是远方那个冉冉升起的太阳，但是在这个场景里面它却不是指太阳，而是指你想要去的你心中的远方。你想要去的是个什么样的地方？看山还是看水？远足还是静坐？

最后说路，自然说的就是从所在地到目的地中间所要走的路了。走高速还是走国道？可不可以抄近道走一段乡道甚至是村道？中间需要路过几个加油站？需要在哪里停车休息一下？

当然，这不过是这个模型的缘起场景，在规划当中车、日、路自然又有不同的指向。车、日、路所对应的就是规划当中的三个核心要素，自我、目标和路径。为了能够更好地利用这个模型做出更加合理的规划。我们需要对这三个要素分别做一下了解。

首先说自我，我们真的了解自我吗？很多人觉得自己是了解自己的，而且觉得这个世界上只有自己对自己最了解。其实事实并不是这样，现实当中确实有比较了解自己的人，但那只是一小部分。很多人对自己都不是很了解，有些人甚至可以说是一点都不了解。如果感觉对自我认识比较深刻的话，不妨用下面这几个问题来验证一下：

1.我最核心的优势是什么？

这个核心的优势不一定是自己所学的专业，也不一定是自己现在所从事的职业。很多人在自己的专业或者职业上是毫无建树的，但是却在其他的地方有无心插柳的收获。这都是因为他并不清楚自己最核心的优势。

2.我是一个什么样的人？

这里所说的"什么样的人？"指的是你的做事方式或者说你在别人眼里是个什么样的人。是个稳重的人？是个雷厉风行的人？还是一个拖泥带水的人？这个问题能回答正确的人并不多。因为真正了解自己的人并不多，自己眼里的自己和别人眼中的自己差别还是比较大的。

3.我拥有什么样的价值观？

这个问题可能真的不好意思回答，毕竟三观给人的感觉就应该是高大上的。但是同时也很虚，很多人真的不知道该怎么表述自己的价值观。那就问问自己什么是自己支持的，什么是自己反对的。支持和反对的，都要列出三个事项。

上面的这三个问题会帮助我们做好规划的第一个环节，比如规划你想要做什么事情或者是想要成为一个什么样的人，你的这个规划目标必须要跟你的核心优势、做事方式和价值观保持一致。不然这个规划就是个假规划。比如，你看到现在的讲师是一个前景很不错的行业，一年可以有上百万元甚至是上千万元的收入。然后你想成为一个优秀的培训讲师，听起来这像是一个还不错的规划。但是如果你的核心优势是超强的动手能力而不是语言表达能力，或者你的价值观更加认同脚踏实地地产出而不是看起来有些虚的课堂讲座，那这个规划对于你来说就不是个好的规划。虽然这种培训讲师的收入是很不错的，但他所做的事情跟你的实际情况不搭。

然后我们说车、日、路模型当中的日，也就是人生规划当中的目标。目标的重要性我们就不多说了，我们只说一个好的目标应该是什么样的。一个好的规划目标首先应该具备的一个因素就是要符合实际，就像前几年刷屏那一个亿的小目标。那对于这个小目标的提出者来说真的就是个小目标，而且还是一个分分钟可以达成的小目标。但是对于绝大多数想要做规划的人来说，这是一个穷尽一生都无法完成的目标。为什么？因为这个小目标只符合那个提出者的实际，而不符合其他绝大多数人的实际。所以，实际才是第一个核心要素。

那么第二个要素是什么呢？具体而言，如果说你的目标是成为一个成功的人，或者是成为一个有钱人。再或者说你想要过的是那种数钱数到手抽筋，睡觉睡到自然醒的生活。这样的目标它就不是一个好目标，因为它太不具体了，没有人能弄懂这到底是个什么样的目标。自然也就没办法把它变成现实了。

好的目标还有第三个要素吗？有的。那就是时效性，需要在多长时间达成这个目标，一定要有一个明确的时限。比如，我们要二十岁之前拥有一台车，三十岁之前拥有一套什么样的房子。这就是个不错的目标，但是你说我这辈子要买一套房，这就不是好目标，因为没有完成的时间，你总觉得一切都还来得及。

然后我们说说规划当中的路径，也就是车、日、路模型当中的"路"。在规划当中，这个路就是路径的意思，你要通过什么样的方法来实现自己的这个目标。如果你的目标是职场晋升，你要有明确的职场晋升路线图。如果你需要通过创业来实现目标，那就得选对自己的创业模式。作为规划当中的路径，有哪些需要注意的吗？当然，首先要用问题导向原则来制定路径。怎么制定具体的路线？取决于自己的现状和目标之间有哪些需要解决的问题，解决这些问题的方法就是我们所说的路径。好的路径，除了问题倒推的法则之外，还得拥有可变性。也就是说路径一定要有，但是却不能让路径成为行动的限制。如果有更好的方法来解决问题，路径也是可以更改的。

这就是成为规划高手一定要掌握的车、日、路模型，有了这种规划模型的加持。我们做出来的规划，在表述形式上应该是这样的，比如：我最核心的优势是人脉掌控能力，我是一个社交高手，我也是一个特别享受跟人打交道的人。利用我的核心优势，我想在五年内成为一个猎头公司的管理层，十年之内我想拥有一家自己的猎头公司。要实现这个目标，我还在……方面的能力需要提升，我准备通过……方法来完成。我还有……的问题要解决，我准备通过……来完成。

进阶式规划法，好规划要分三步走

在我们掌握了规划的基本模型之后，很多人都会迫不及待地开始规划自己的人生。可是事情一旦落到了实处，马上就又出现了新的问题。因为他们很快就会发现，面对各种各样的规划让自己感到无所适从。比如，在规划模型的帮助下，在重新完成自我认知之后，带有清晰路径的想要在三年之内成为部门的经理，这就是个不错的规划。但是，有的人做的规划不一样，他的规划也许是十年之后自己想要过的日子或者是自己想要成为的样子。还有人所做的规划是二十年、三十年甚至是更久。尤其是在百岁人生越来越流行的当下，很多人的人生规划都是按照自己能活到一百岁来制定的。这种情况并不少见，只要他的规划是按照规划模型踏踏实实做出来的，它是符合现实情况的，它的路径是清晰可执行的，这就是一个很靠谱的规划。

这些规划哪些才是真正的好的规划呢？都是。那我们给自己的人生做规划的时候，到底应该以哪种作为标杆呢。哪种都不行，但是少了哪个又都不可以。话说到这里，关于人生的规划我们大概也就明白其中的道理了。不是短期、中期、长期的规划哪种会更好，而是这三种不同时间跨度的规划有机地合在一起才是一个真正完整的人生规划。这个关于人生规划的原则我们叫作进阶式规划法。就像我们看到的这样，我们所说的进阶式规划法把整个人生的规划分成三个相对独立但是又环环相扣的部分。为什么人生规划必须要分成这三个部分才是比较靠谱的呢？那我们就需要来说说如果少了其中的一部分事情到底会变成什么样。

我们先从一句俗语说起，我们小时候经常听说一句话"无志之人常立志，有志之人立长志。"说的是没有远大志向的人经常立志，而且会经常变来变去，一会儿要这样，一会儿又要那样。在这样飘忽不定的志向的引导下，人生会变成什么样可想而知。但是那些拥有远大志向的人，一生只需要立一次志向。而且这个志向一旦树立便不再更改，终其一生都在为实现这个志向而奋斗不止。我们现在重新提出来这句话，不是说我们通常对这句话的理解有什么不对的地方，而是我们需要从一个全新的角度来理解这句话。很多年前，当师长们跟我们说这句话的时候，我们理解的重点在于要树立远大的志向，重点在于要有远大志向。这个远大的志向我们可以理解为贯穿整个人生的长期规划，对所有的人来说都是这样的。但是为什么有些人一旦确立了目标就能矢志不渝，但是有的人却总是变来变去的呢？那是因为一辈子太久，终极规划过于遥远。通往终极目标的路又充满了各种坎坷，这些困难很容易让那些原动力不足的人看不到希望。说到底就是因为这样的规划只有长期的规划而缺少了中短期的规划。

我们再来了解一种人生困境，这种困境现在越来越明显。这个与中年人有关的困境以前叫作中年困境，现在低龄化变得越来越严重。已经演变成了35岁困境甚至是30岁困境。当下网上各种报道35岁甚至是30岁的职场人士被全世界无情抛弃的文章数不胜数。达到这个临界点之前，他们的生活过得有声有色，人生充满了希望。但是就在这么一瞬间，已经成为他们生命重要组成部分的公司突然不再喜欢他们了，甚至是不再需要他们了。在被迫离开公司以后才惊恐地发现，不被公司需要还不是更悲催的，比这更悲催的是全世界好像都不再需要他们了。想要再找一份同样的工作甚至是降低要求找一份比以前还差一些的工作都变成了一种奢望，这时候才发现自己真的是被世界抛弃了。多么令人绝望的事实？为什么会这样？难道是自己不够优秀吗？还是因为自己不够努力？好像都不是，这当中有很多人在公司都是很优秀的员工，甚至是中流砥柱的存在，为什么到了这个岁数就连被边缘化的资格都没有了呢？因为他们缺少一种长远的规划。他们这样的人生多半是有一定的规划的，不然从大学到社会，再到公司的这些年，他们也不可能一步步变得这么优秀。现在这么悲催的遭遇，不过是因为自己规划的目标已经达到了，以为就已经可以高枕无忧了。精进，自然也就停滞不前了。这不一定是因为到了能力的天花板，而是规划不够长远。那些拥有长期规划的人，不管是35岁还是30岁对他们来说都不是什么跨不过去的坎儿，而是一次人生蜕变的机会。这中间的差距无非就是一个长期的人生规划。

那么，如果我们的人生规划当中缺少了短期的规划又会是一个什么样的情况呢？我们经常说的一句话"我有一个梦想，我有一个目标，我想要……"但是这样的人跟那个因为"我有一个梦想……"而被世界和历史铭记的马丁·路德·金可是完全不一样的。当这些人的人生规划中缺少了短期规划的时候，他就永远只能说着这句话。告诉别人他有一个多么宏伟的目标，一个多么美丽的梦想，但是注定永远都是一个梦想，永远没办法开始。因为只有短期规划当中的路径才是最贴近现实的，不管是客观环境的现实还是个人情况的现实都是如此。对于人生规划来说，最重要的事情莫过于抓住当下，立即开始执行。但是不管是中期规划还是长期规划，由于它们并不直接对接当下，所以它们无法给出具体的可执行的路径，这就是为什么少了短期规划执行就无法开始的原因所在。

那么，现在问题来了。既然短期、中期、长期规划对整个人生规划都非常重要。那这三个阶段的规划分别具有什么样的特点？它们又应该是以具体多少年为标准呢？我们先来讨论第一个问题。短期规划最重要的是什么？就像我们刚刚说过的那样，只有短期规划当中的具体路径才具有较强的可执行性。因为它们都是在充分考虑当前客观情况和自身状况的基础上制定出来的，它们是最符合实际情况的。也正因为如此，短期规划最重要的一点就是执行力。一万年太久，只争朝夕。这才是我们面对短期规划时所应该有的态度。

中期规划制定的依据更多的是我们对未来的预判，可是现实的发展未必就如我们预期的那样。所以，中期计划最重要的是可变性，它的存在更多的是起到一种承上启下的衔接作用。根据短期规划实施的情况和新的客观情况然后再对照自己人生的终极规划的目标，对这个中期规划进行迭代和升级。所以，中期规划最重要的就是弹性和可塑性，要留有足够的可变空间。

人生规划当中的长期规划，它的作用更像是人生当中的北极星一样的存在，要足够大，足够远，足够有诱惑力。在漫漫的人生路上，它能永远指引我们前进的方向。我们伟大的周总理的"为中华之崛起而读书"的规划，大文豪鲁迅先生发誓要医治国民精神的追求，再到跟疟疾抗争到底的诺贝尔医学奖的获得者屠呦呦，他们的人生规划当中的长期规划都足够高、足够远，能够激发他们足够的激情和动力。这种高价值的人生靠的就是这样的人生长期规划，有了这样的规划，就算取得了再大的成就，也永远不会迷茫。

如果我们需要分别给短期规划、中期规划和长期规划一个时间标准的话。它们的时间划分大致应该是这样的：短期的规划一般需要三到五年，中期的规划一般是在十年左右，长期规划的时间起止点则是以当下为起点，一直到生命终止的那一刻为止。人生可能需要几个不同的中期规划，一个中期规划需要两三个短期规划，但是长期规划最好是一生只有一次。就算是有所变动也是事不过三。如果你发现自己的长期规划也需要经常调整，那只有一种可能就是你的这个长期规划格局不够高，眼光也不够长远，算不上是一个合格的长期规划。

把规划变成现实，需要给试错留点空间

关于怎么才能做一份靠谱的人生规划，我们分享了很多。相信有了它们的帮助，我们做出一份不错的人生规划已经不再是什么困难的事情了。那么接下来我们是不是只要再严格按照这个规划努力，我们的人生就能变得很值钱了呢？如果你真的这么想的话，那可真的就要辜负这么一份还算不错的人生规划了。一个完整且比较靠谱的人生规划，并不能够真的改变我们的人生，它所能起到的作用无非就是让我们把有限的时间和精力集中在一个固定的方向上。而不是随心所欲地挥洒自己的努力，想到什么就做什么，过那种脚踩西瓜皮的人生。

有句话说：时间和精力在哪里，成就就在哪里。人生之所以要做规划就是要把时间和精力集中使用，这样我们取得成就的概率就会高很多。但是这并不意味着现实会按照我们规划好的方向和方式发生改变。就像现在非常流行的一句话："你有你的安排，世界另有安排。"这是我们在使用这份人生规划的时候，必须要具备的一种心态。我们承认合理的人生规划在提升人生价值上的重要作用，但是还必须要充分认识到，这种作用是有限的而非无限的。而要想让这有限的作用最大限度地得以发挥，能否正确使用人生规划才是重中之重。所以，我们说制定一个合理的人生规划并不是事情的结束而只是一个开始。下面我们就来聊一下，什么才是人生规划的正确使用方式。

想要正确使用人生规划，我们首先要接受一个概念叫作试错。什么叫作试错？如果我们在搜索框内输入试错的话，我们得到的答案是这样的：

"试错，是我们解决问题，获得知识常用的方法。"这种说法是比较严谨的，同时也比较倾向于保守。现实的情况是，试错常常是我们解决问题，获得知识跳不过去的一环。所谓的"一帆风顺"不过是我们表达的一个美好愿望而已，实际情况却是不如意者十之八九。真正能够一蹴而就的事情并不是很多，更多的事情都是经过了多次试错之后才取得成功。对于试错，我们所能做的最多也就是尽可能减少发生的概率，但是却绝对没有可能杜绝它们的出现。

这个道理说起来好像并不是特别难以理解，但是真的要接受却并不容易。很多刚刚学会做人生规划的人，通常都会迷恋和放大人生规划的作用。在他们的认知里充满了非此即彼的二元论，他们觉得既然是合理的人生规划，即是符合实际情况和自身的状况的，那就不应该出现错误和意外。这个试错的过程就没有存在的必然性。相反，如果试错的存在是必然的，不可避免的，那只能说明制定的人生规划是不合理的。只要对人生规划进行进一步的升级和完善，就能够避免试错的情况出现。这个逻辑看起来并没有不妥的地方，所以一些新人对此深信不疑。但是想要接受试错存在的必然性我们就必须得逃离这种思维逻辑，这种逻辑的不合理之处在于把理论和预判当中的合理和客观现实当中的合理混在一起画上了等号。这是一种逻辑上的错误。

所有规划当中的合理都只是理论上的合理，我们说制定规划的依据是客观现实，其实并不是。我们制定规划的真正依据是经过我们主观判断的、我们所认为的客观现实，并不是真正的客观现实。所以这个主观判断的现实和真正客观现实存在一定的差距是必然的。我们的路径却是完全根据这种主观判断做出来的，当我们完全按照预定的路径去执行的时候，出现错误和意外也就是一种必然了。另外，我们所面对的这个世界每时每刻都有变化在发生，从制定规划的路径到执行有些变化已经悄悄地发生了。所以，对现实的判断和个人经验的多少确实能够影响我们试错的概率和次数，但是无论如何我们都做不到完全杜绝这种错误的出现。也就是说，错误是必然会发生的，试错是必须要经历的。我们只有真正认同了这一点，我们对人生规划的使用才能更加地高效。

那么，我们知道试错不可避免，对我们高效使用人生规划又有哪些好处呢？最起码在以下几个方面是能够给我们带来很大帮助的。

用试错思维来看待人生规划，我们可以看作人生规划在实践之前的一次自检。

第一个需要检查的就是我们的规划当中所做的消耗预算是不是充足。这里需要重申一下充足的意思并不是我们通常理解的足够。如果你理解充足只是足够的话，那你很有可能会面临一种资源不足的困境。我们经常说有经验的人在制订计划的时候在资源的准备上通常会在计划之外多备一些，也就是要有一定的富余量。所以我们这时候对于规划当中所消耗的资源的自检标准不是够用，更不是刚刚好，而是要有一定的富余量。为什么有经验的人会主动留出富余量，但是新手却不太会这么做？就是因为他们对试错的不同理解。当我们认识到试错的必然性之后，我们就会本能地反过来再审视一下，规划当中我们为了完成目标所做的资源预算。这当中最重要的就是时间和精力成本。这个标准就是把刚刚好、够用变成有一定的富余量。

第二个要检查的是我们的心态。如果事情的进展跟规划当中的样子不一样，按照既定的方法去执行，失败了怎么办？

有的人会被这突如其来的失败和错误弄得惊慌失措，首先就开始怀疑整个计划的合理性，其次就会将这种怀疑扩散到自身的能力上。觉得不仅是这个规划的问题，就连自己本身都是一个没什么希望的人。然后会发生什么？那肯定是整个人生的崩盘。这就叫作一触即溃，就是因为他从来没有想过会遭遇失败，更没有想过失败之后的事情。这种心态的脆弱性就可想而知了。

当然还有一种人不到黄河心不死，一次不成就再来一次，再不成就继续来，一直到实在无能为力为止。这样看起来特别像是百折不挠的坚韧精神的体现，这种举动也很容易感动很多人，当然也包括他们自己。但是这并不是真的百折不挠，他们这么做跟我们说的第一种情况的人是一样的，他们这般不停地折腾是因为害怕失败的现实。我们把他们的这种举动叫作折腾而不是努力和坚持。因为他跟努力有一个明显的不同就是，不管是多少次的尝试都只是纯粹地重复。这种重复很多时候都只是一种资源的消耗，往往等到不得不停下来的时候，事情已经没有了改变的可能。随之而来的自然也就是包括信心在内的全面崩溃。

兵法有云，未思胜，先虑败。只有心里时常想着失败，并坦然承受和接受它的存在，才能在不断的试错中抵达成功。这是我们在实践开始时的必要心态，也是我们用试错理念对心态进行自检的必要性。先想想，如果失败了能不能接受，失败了你将会怎么做？这些问题先明白了，你就可以开始践行人生规划了。否则，宁可晚一些开始，也好过这种可能全盘崩溃的冒险。

这是心态的自检自查。除此之外要想让试错理念发挥应有的作用，还得有一套方法才行。这套方法很多厉害的人都在用，这就是高手们经常说的复盘。什么叫作复盘？这个说法最早来自围棋，喜欢下棋的人都知道有的人喜欢下棋，下了一辈子的棋，但是棋艺却不见长进。但是有的人，一开始棋艺也不怎么高明，但是他呈现的进步速度是非线性的，也就是我们常说的跳跃式的发展。这中间的区别就是会不会复盘，会复盘的人在每一盘结束之后，尤其是失败以后。一定要把这个过程重新演练一遍，看看自己究竟是怎么一步步输掉的。输在哪里？为什么要这么走？还有没有更好的方法？下次遇到这样的情况怎么做才能避免这样的错误？同时还要琢磨对方的棋路，他赢自己的关键几步在哪里？这么走的好处有哪些？自己怎么才能走出这么奇妙的"棋"着？我们说只有善待失败的人才能更快地取得成功，怎么才算善待失败、拥抱失败、接纳失败，那只是心态上的。方法上我们要做到的就是复盘，复盘做得好你才算善待失败，你的成功才能快人一步。我们熟悉的那个一万个小时的理论，说人只要通过一万个小时的专注努力就能成为专家。但是结果却是只有一小部分的人真的成了专家，大多数人却在经过一万个小时的强化训练之后形成了固化思维，这中间的区别也是复盘。所以，试错一定要在犯错之后及时复盘，并做出应对和升级的方案。如此你为试错所预留的时间才算有了价值。

第五章

忘记对立，跟时间和解

别想征服时间，学会跟时间做朋友

现在让我们重新把话题拉回到时间本身，这也是时间逻辑一个非常重要的部分。从本质上来说，掌握时间逻辑也是离不开时间管理的方法和技巧的。那我们为什么不直接说时间管理而非要说掌握时间逻辑呢？因为掌握时间逻辑是一个关于时间的道与术有机结合的完整系统，这里面的道指的就是关于时间的认知，我们现在讲迭代、讲升级、讲改变。它其实是有一个内在的逻辑的，这个逻辑就是认知决定行动，而后行动决定结果。我们不仅要知道怎么做，还要知道为什么这么做。不然就是在撞大运，成败完全看运气。这其实是很糟糕的事情，那句话怎么说的？"所有靠运气挣来的钱，都注定会凭借实力全部再赔进去。"更何况，靠运气挣钱本来就是一个小概率事件。挣钱是如此，努力也是如此。所以，要想增加时间的价值，首先要改变的就是自己对于时间和时间管理的认知。这就是我们前面几章在做的事情，但是在认知改变之后，为自己的时间增值终归还是要落到具体的方法上来。这些时间管理的方法就是掌握时间逻辑当中的术。我们前面说过，时间管理到底靠不靠谱，一个很关键的因素就是以什么样的目的来做时间管理。如果你的目标是通过管理让时间变得更完整、更充裕，那多半是没办法让自己的生活变得更好的。如果我们的目标是怎么让自己的时间更值钱，怎么更快地完成时间的变现，那你的时间就会变得越来越值钱，生活就能变得越来越好。这个目标才是我们掌握时间逻辑所追求的。但是无论如何，要想实现时间的变现，时间管理的方法还是少不了的。

回到时间管理本身，我们所要做的第一件事儿，也是最重要的一件事儿就是检查一下我们的时间都是怎么消耗掉的。时间到底是怎么消耗掉的？那些能够看得见的时间黑洞我们就不再讨论了，前面我们说过时间颗粒度的概念。时间颗粒度越大的人，他的时间漏洞就越多、越大，要想进行时间管理细化时间颗粒度是必须要做的事情，这么显而易见的事情我们就不再做过多的叙述。我们现在要做的事情就是改变那些我们以为正确，并不遗余力地在做，但是实际上却适得其反的事情。那才是最大的时间黑洞。因为来自时间管理认知上的不足，我们有多努力，这个时间黑洞就有多大。所以现在，我们提出行动的第一法则：千万不要站在时间的对立面对时间进行压榨性的操控。我们见过很多对着时间发狠的时间管理者，他们发誓要把时间拿捏得死死的。实际上他们也确实是这么做的，但是这么做的结果却是用尽全力打开时间黑洞。我们见过很多的时间管理者，光看他的时间管理计划都会感受到满满的成就感。那些计划真的是做到了极致，非常的漂亮也非常的清晰，关键还非常的充实。而且给人的感觉还非常的专业，事实上他们也是根据那些权威的定律、模型来制订时间管理计划的。不管是放在办公桌上还是贴在墙上，这样的一份时间管理计划都会为他挣足面子。可以这么说，除了不太可能实施之外挑不出别的什么毛病。

没错，就像我们说的这样。这样的时间管理计划哪里都好，就是不太可能实施。其实不光是时间管理计划，我们的生活中充满了类似这样的计划：说起来头头是道，分析起来也是非常有道理，但是这样的计划在经过一番展览，收到足够的关注之后基本上也就会被束之高阁了。我们可以回忆一下自己在公司开会的时候，有没有遇到过这样的提案。我们也可以反思一下，自己有没有提交过这样的方案，很漂亮，但是却没有什么实际效用。我们再想想那些真正有用的方案，它们看起来其实并没有什么神奇的地方。但是就是这种毫不起眼的方案，一旦放到实践当中却经常会表现出神奇的功效。我们可以用自己的经历来印证一下，看看是不是这样。

为什么会有这样的情况？根本原因就是有的计划和方案在制订的时候忘记了自己的终极目标，他们想要的是一份能够拿得出手的计划。这个计划一定是要能够拿给别人看的，当然首先也要能够拿给自己看，能够拿得出手的标准，不同的计划和方案会各不相同。但是作为时间管理的计划和方案，在某些人的眼里一个非常重要的标准就是对时间的利用度。如果时间有留白，那是非常遗憾的事情。时间都没有完全被规划起来，这还叫什么时间管理？这就是我们上面说的对着时间发狠。那么时间真的需要留白吗？如果你的目的是想要让自己的时间更值钱，那就必须要给自己的时间留白。因为与时间留白相关的是深度思考、想象力、创造力，而这些都是跟时间价值相关的必要因素。想想我们经常说的那些话，比如："慢慢来，反而会更快。"比如："放慢脚步，让灵魂跟上身体的脚步。"比如："别光顾着低头拉车，而忘记了抬头看路。"这说的是什么？难道只是为了等等灵魂吗？灵魂跟不上会怎么样？这里所谓需要等一等的灵魂和抬头看路的行为，其实说的都是深度思考能力、想象力和创造力。比如当年写出《让灵魂跟上脚步》这本书的王石先生、已故的苹果公司前CEO乔布斯、阿里巴巴的马云，他们需要处理的重要事务比我们绝大多数人都要多得多，但是这依然不妨碍他们为自己的时间留白。为什么他们的时间就那么值钱？跟他们的这个习惯也是分不开的。比如王石先生的户外运动时间，马云和乔布斯的禅修时间，这就是他们的留白。不管有多少事情等着处理，他们都不可能动用这部分时间。为什么？不只是灵魂的问题，而是要保证自己时间的价值。

所以就有了那句话："毁掉一个人最理直气壮的方法就是把他的时间安排得满满的，永远不给他自由思考的机会。"我们进行时间管理最主要的任务就是给自己的时间松绑，就像我们前面说的那样，时间荒的真相不是时间太少而是时间太多了。我们再来重复一下时间管理的第一法则：千万不要站在时间的对立面对时间进行报复性的操控。我们要学会跟时间交朋友，跟时间和解才能发现时间的价值，如果违背了这一基本法则，再高明的时间管理术都拯救不了越来越废的人生。切记，任何试图想要征服时间的努力，都是在打着奋斗的幌子毁坏自己的人生。

灰度管理，以无限执行保障有限管理

先来分享一个经营领域的概念——灰度决策。什么叫作灰度决策？灰度决策的基础是灰度理论。而灰度理论是说这个世界上真正非黑即白的事物少之又少，在这个复杂多变的世界上更多的是处在黑和白之间的灰。这个理论用在管理上就被称为灰度决策或者是灰度管理。任正非先生就曾写过一篇文章叫作《管理的灰度》，他也是灰度理论的支持者。觉得创业和管理当中的大多数问题其实都处在黑和白之间的灰度地带，不管是在工作中还是在生活当中，一个人背负着的责任越大，他需要面临的灰度问题也就越多。他在解决问题、做决策的时候就越是需要这种灰度理论的指导。那么我们为什么要说这个灰度理论和灰度决策呢？那是因为要解决时间价值的问题，我们需要灰度理论的帮助。

就像我们上一节提到的那样，以提高时间价值为终极目标的时间管理的真正要义是给时间松绑，做时间的朋友。而不是站在时间的对立面，想尽办法把时间控制得死死的。其实我们讲的是什么？不站在控制时间的对立面上的不管不问吗？显然不是的。但是实际上很多在黑白意识指导下做事的人，他们觉得就是这样的。既然操控时间是不对的，那我就认为你是在说时间管理是没有必要的。那我完全放开就好了，这样不管是工作还是生活，反而收获了不少的舒适感。对呀，这样完全放松的、不对时间做任何限制的状态难道还有人不喜欢吗？可是这么做并不是什么明智的选择。这么做的后果比想要操控时间的后果还要糟糕，如果是把时间都安排得满满的去做事情，这最起码也能算得上是努力。但是如果完全放任不管的话，那接下来将要面对的很可能就是完全失控的人生。有人给这样的人生做了一个形象的比喻叫作"脚踩西瓜皮，滑到哪里算哪里。"这种失控的状态下，究竟会滑到哪里呢？这样不管不顾十有八九是要滑倒的，是要栽跟头的。

低水平的努力和完全失控的人生，哪个都不是我们想要的。因为这遵循的还是黑白思维，永远是在黑和白中间做选择。要么就是黑，要么就是白，他们不认为还有其他的选项。我们需要的恰恰就是这些人认为不存在的选项。而要相信这个选项的存在，接受灰度思维是个前提。所以，相信这个世界是灰色的，我们最经常做的事情就是在黑和白之间的中间地带做出选择，事实上这些是我们大多数时候所能做出的最好的选择。听起来有点传统文化当中中庸思想的味道，我们做一个更加准确的表述：用灰度思维进行时间管理，我们真正在做的是有限时间管理。

现在我们要做的事情就是从技术操作的层面上来印证我们提出的这个有限时间管理的概念。让时间更有价值的时间管理应该是有限的时间管理，这需要从两个方面去理解。首先我们说说什么是有限？为什么要有限？这里所说的有限指的是管理的时间范围，如果要想提高时间的价值，我们就不能对时间进行二十四小时无死角的管理。我们的吃喝拉撒睡，包括工作、社交、娱乐、与亲人相处的时间都要做一个非常精准的量化。先不要说这样的管理，高效执行的可能性有多大，我们就说这样的管理计划被严格地执行了，那会是一种什么样的情况呢？我们就得活得像一台机器一样精准。我们不妨问一下自己，这样的人生真的是我们想要的吗？对于我们的亲人和家人，我们真的希望他们以这样的状态过完自己的一生吗？设身处地地想一下，你就能知道这样的人生有多么可怕了。更何况这种程度的时间管理是非常反人性的，结果就是严苛的程度吓退了一批人，执行过程当中又淘汰掉了更大的一批人。真正能做到的人也不是没有，但那是一个非常小的概率。我们不能鼓励所有人都去做这种小概率事件，然后在一旁加油打气，告诉他们：你是最好的，你是最棒的。不得不说，鼓励大家这么做的人才是最不靠谱的。如果大多数人都能够创造奇迹，那奇迹的含义恐怕也早就已经变了。但是时间管理，完全不管就会失控，那就更糟了。

所以，时间管理绝对要有，但是又绝对不能完全管死，那就只能进行有限管理了。这才是真正符合灰度思维的时间管理方法。那么这个有限又该怎么有限呢？有限到什么程度呢？我们后面会用一个系统的方法来做出精准全面的阐述。现在先说一下有限管理的另一个要点。先思考一个问题：这个世界上到底有没有真正意义上的以少胜多、以弱胜强？如果觉得有，请在自己的记忆中找出几个案例来。这个案例必须是你记得比较清楚的，别选那些可能、也许、好像是的事件。另外这个事件必须是你认为能够明确支撑你的观点的，模棱两可的不行。

先说答案：这个世界上根本就没有所谓的以少胜多、以弱胜强这回事儿。这个答案听起来好像有些反常识的感觉，尤其是那些已经把案例的细节都梳理清楚了的，更是会觉得这个答案接受起来难度太大。古今中外那些经典的战例被贴上以少胜多、以弱胜强的并不在少数。我们也许会疑惑，那些出奇制胜的战例，不都是最好的例证吗？不然又怎么称得上是出奇制胜呢？没错，这貌似真的是一个常识性的现象。这一点我们先存疑，先来看看这个答案后面的解释：所有看起来像是以少胜多、以弱胜强的事情，多和少，弱和强都是整体实力对比得出的答案。少和弱能胜的原因在于，他们放弃了全面制胜的思想，集中所有资源在对方意想不到的地方形成压倒性的优势。如果运用得当，这种局部的胜利很有可能引起连锁效应，变成整体的胜利。现在，把你准备好的案例故事，从这个角度来重新打量这当中的细节，看看会得出什么样的答案。结果就是，这些细节一定会成为我们这个答案的佐证。那些我们原来以为的以少胜多、以弱胜强，都是整体上少和弱的一方经过高明的资源调配，在局部的某个点上实现了实力对比的反转。

　　话虽这么说，但是要想真的做到这一点，除了资源调配的高明之外。还有一个非常重要的点，那就是我们讲这个问题的真正意图，所有在局部优势下实现反转的一方具有必胜的信心和无可挑剔的执行力。他们必须要摆脱因为整体弱势而带来的压力和犹豫，坚定不移地实现局部的反转。执行力是重中之重，做不到不打折扣地执行，就不可能实现这种反转。这就是我们要说的有限时间管理的另外一个非常重要的点，百分之百甚至是百分之一百五的执行力度。只有让管理起来的那一部分丝毫不打折扣地得到了落实，松绑的那一部分才会真正得到解放。否则，那些没在时间管理计划内的时间也会被消耗殆尽，有时候还不一定够用。所以我们提倡灰度理论，真正要说的话就是两点：首先，要敢于跟时间管理做减法，只做有限的管理。其次，要说到做到，用超强的执行力保证有效管理的贯彻和落实。这一点在经营管理上叫作灰度决策，黑白执行。决策不走极端，但是执行一定要做到极致。

时间价值最大化，永远做最重要的事儿

在前面的内容当中我们留了一个扣儿，就是说到时间的有限管理要怎么有限，有限到什么程度的时候，我们说过这需要一套系统方法作为支撑。现在我们要做的就是把这套系统的方法交付给大家。要想让更多的人明白到这当中的精髓，我们需要从两个层面来做阐述。分别是心理层面和操作层面，心理层面我们想要达到的目的就是激发人内心深处想要把这件事儿做好的内在需求。我们也可以把这个过程叫作激发意愿的过程，这非常重要，因为意愿对于一件事儿的成败几乎是有着决定性的作用。如果我们对于一件事儿有着强烈的意愿，我们做事的时候是一种什么样的状态？就是所有人都非常渴望的"有条件要上，没有条件创造条件也要上"的状态。如果是意愿不足呢？就算是掌握了再好的资源或者是再厉害的方法，也总能找到不去做这件事儿的理由和借口。所以，要想让更多的人把这件事儿做好，靠得住的方法肯定是必不可少的。但是在分享方法之前，我们需要先把心理上的障碍给解决掉。

我们说时间的有限管理其实还可以有另外一种说法，那就是为我们时间管理计划表上的事项做减法。这件事儿听起来好像也不是很难，不就是给那些待办事项做减法吗，删减一下不就行了吗？如果时间管理这件事儿你做得足够认真的话，一旦开始实行你就会发现做减法这事儿真的是太难了。要知道这些事项可都是你经过深思熟虑觉得非常重要的事情，这里面的任何一件事儿让你把它删掉，你都会有一种马上就要失控的抓狂感。所以这事儿要

做好，比起怎么做的问题，你更迫切需要解决的问题是怎么才能疏通心理上的障碍，让自己不至于过于纠结。要想让自己不再那么纠结，我们首先得弄明白我们这么纠结的原因是什么？这里我们用一个大家都熟悉的理论来解决，断、舍、离大家都很熟悉吧，这在当下绝对是一个高频热词。说起来仿佛能够解决好多的问题，家里东西太多房间太小根本就放不下怎么办？断、舍、离。信誓旦旦地说要减肥，但是偏偏又抵不住美食的诱惑怎么办？断、舍、离。同样，当我们要解决有限时间管理过程当中所出现的这个问题的时候，我们的解决方案依然可以通过断、舍、离来寻求。

那么到底什么是断、舍、离呢？很多人对于断、舍、离的最直接的感觉就是扔扔扔，把所有用不着的、不重要的东西统统都扔掉。这个跟我们对于山下英子的那本《断舍离》的认知有着很直接的关系，因为这原本就是一本生活整理类的书。而山下英子的身份也正是一位知名的杂物管理咨询师。这就形成了我们对断、舍、离的第一个最直观的认知，就是要把家里那些用不着的杂物统统扔掉，把生活的空间还给自己。这种解读到底是不是准确呢？对断、舍、离做出这样解读的人，就算是把扔扔扔贯彻到了实处，同样也会面临另外一个困局。一边不停地扔扔扔，把被杂物侵占的空间夺回来，一边又忍不住地通过买买买把这腾出来的空间给重新占满。说起来好像是非常荒诞的事情，但这就是事实。这么看来，这样解读断舍离好像是不太准确。没错，断舍离的真谛其实是一种思维模式和生活的态度。一种什么样的思维模式？不过于迷恋外物，不为外物所左右。如果无法构建这种思维模式的话，扔再多的东西也于事无补。因为你在心理上离不开，没有这些东西感觉人生都失去了乐趣。可是，怎么才能构建这样一种思维模式呢？我们不妨顺着这个思路不断地追问下去，很快就能得到自己想要的答案了。要怎么才能构建这样一种思维模式？我们先得回答另外一个问题：为什么我们会那么迷恋外物？什么样的人才会为这些杂物所左右？认真思考，找到答案并不难。这个答案就是：迷茫和空虚。迷茫和空虚是我们迷恋甚至是依赖外物的根本原因，一个内心充实、目标明确的人，他的状态是不会因为这些外物而陷入困境的。这个答案其实也是我们进行有限时间管理所需要的，为什么那么多的人在删除掉一些其实并没有那么重要的事情的时候会那么不安，就是因为迷茫和空虚。

那些想要通过时间管理让自己变得更优秀，让生活变得更美好，结果却因为时间管理而让状况变得更加糟糕的人，多半是因为迷茫。我们相信他有着让一切都变得很好的强烈愿望，我们把这种愿望叫作意愿。但是这些人往往只有意愿，但是却没能琢磨透怎么才能做到这一点。自己想不透，那就只能向外寻求答案了，看看别人是怎么过上让人人都羡慕的生活的。但是那些过来人，从他们通常能说的和方便说的经验中，我们能看到什么呢？努力、勤奋、珍惜时间，或者是类似的结论。没错，这些都是事实，但只是现象而不是结论。他们确实这么做了，但这不是决定成功的最基本的逻辑。这个底层逻辑通常是需要自己通过思考发现的，别人不太会说，也确实不太容易说得明白。但是，那些自己很迷茫却想要在别人身上知道答案的人就会把这种现象当成最终的结论。然后一些关键的事情就已经被颠覆掉了，他的意愿本来是想要过更好的生活，现在竟然变成了我要付出更多的努力，我不能放过一分一秒的时间。这是多么可怕的事情！有一句听起来特别励志，但是实际上特别荒唐的话叫作"努力到感动自己"，这句话其实挺不靠谱的。为什么努力就能感动自己？难道不应该是取得的成绩感动自己吗？为什么是努力呢？努力有什么好感动的？之所以能被自己的努力感动，其实是有一个隐藏的逻辑的，那就是他们把努力当成了结果和目标。努力了就应该是一件自豪的事情，就应该被感动。

现在我们总算找到了问题的症结所在了，为什么不肯放过一分一秒的时间？为什么删除一些不必要的事项会那么难以接受。因为我们迷茫，因为迷茫导致我们的目标被替换了，我们只能不停地做事儿，我们需要的是一刻不停的忙碌，至于做的是什么其实已经没那么重要了。但是不管是什么，一个都不能少，少了就会觉得现在自己不够努力，他们不能接受这样的自己。真的要践行有限的时间管理，一定要把这个逻辑理顺了，看透彻。不然硬着头皮给待办事项做减法，我们的内心就会变得无比的纠结。这种自己跟自己打架的状态心理学上叫作自我精神内耗，这是非常可怕的。可是这个问题又该怎么解决呢？要想不迷茫，其实也很简单，就是用好我们前面提到的车、日、路模型。利用这个模型好好考虑一下我是一个什么样的人？我想要过一种什么样的生活？我通过什么样的路径才能达成目标？这三个问题想明白了，自然也就不迷茫了。

现在我们来说说怎么才能合理地给待办事项做减法，其实很多涉及具体方法的话题说起来倒是简单了很多。但是那些认知层面的问题，也是隐藏在一些看似合情合理的常识之下的误区，因为需要抽丝剥茧，丝丝入扣地不断深入，阐述出来反倒需要多费很多工夫。怎么才能恰当地给自己的待办事项做减法，从而做到时间的有限管理呢？很简单，你只需要一个象限图。关于什么是坐标和象限这样的问题，相信我们是没有必要再做过多的解释的。我们只说这个方法应该怎么用。首先我们需要画一个坐标图，这个坐标图里有四个象限。然后把你所有的待办事项进行分类，把不得不做又必须要马上去做的事情写在第一象限当中。把不得不做，但是可以稍微晚一些去做的事情，写在第二象限当中。把不重要但是时间很急的事情写在第三象限当中。把不重要同时也不紧急的事情写在第四象限当中。

然后开始区别对待，给这些待办事项做减法。

首先要精简掉的就是第四象限当中的事情，既不重要也不紧急，这样的事情完全可以不做，就不要占用宝贵的时间了。不过可以记录下来，等到哪一天清闲下来了再做也不迟。毕竟它们虽然相对不重要，也不见得是一点价值都没有。

然后是第三象限当中那些不太重要，但是比较紧急的事情。因为时间很急，但是又不是那么重要，这样的事情完全可以授权或者是拜托别人去代为处理。不能让它跟那些非常重要的事情抢夺时间资源。

接下来是第二象限那些非常重要但是时间并不紧急的事情，这些事情绝对不能精简，却可以缓一缓再做，但是这个缓一缓一定要有明确的时间。万万不可一放就放到了脑后，计划一定要明确。

第一象限当中那些非常重要又非常紧急的事情，才是我们有限时间管理当中的重中之重，必须要立刻、马上去做。这些事情不处理好，永远不要去考虑别的事情。

那么，只要做好这几点就好了吗？并不是，需要补充的一点是，如果第一象限当中的事项不是一件，而是几件怎么办？首先虽然同样属于第一象限，但是仍然需要分出主次来。给这些事项做出明确的排序，这样才能保证你在做的永远都是最重要的事情。你所管理的有限的时间的价值才能最大化。还有大可不用担心永远会有大量重要且紧急的事情等着处理，重要不紧急的事情安排妥了，重要且紧急的事情就会越来越少，这是个铁律。

跟时间和解，把时间交付给对的事情

我们先来聊一个看起来跟时间管理并没有多大关系的话题：我们到底是不是应该把自己喜欢的事情当成自己的职业？至于你会给出什么样的答案，我们先暂且不去讨论。我们先来说占比例比较高的答案，分析一下这个得到大多数人赞同的答案到底能不能靠得住。这个问题到底是肯定的答案占多数还是否定的答案占多数，我们现在没办法做具体的统计，但是我们可以通过最常见的现象来推导出来。

比如，对于现在的孩子来说，获得绝大多数家长认同的各种兴趣爱好和特长班。现在这些班的普及率是非常高的，家长为孩子报这些班的目的是什么？真的是因为爱好吗？确实有，但是比例不占优势。有更多的家长为孩子报班其实是在为孩子寻找未来的出路。也就是说这些家长都是支持把兴趣爱好作为未来职业的观点的。

个人发展规划顾问现在被越来越多的人接受，不少家长都会把孩子带到这些顾问面前，让他们为自己的孩子规划一个明确的未来。很多马上就要步入社会的年轻人也会主动找相关人士来做咨询，甚至包括陷入迷茫的职场人士。而那些顾问面对客户的时候，他们提出的第一个问题往往就是："你最感兴趣的事情是什么？"或者是"你最想从事的是什么职业？"诸如此类的问题。这也说明，这些专业的顾问同样倾向于兴趣爱好和职业之间的强关联性。

我们再回想一下自己在面试的时候HR所提的那些问题，这当中必定会有跟兴趣爱好相关的问题。而且这些问题的答案对于我们的面试结果还有着非常重要的影响。这同样也是一种例证，说明在这个问题上持赞成观点的人的比例是占优的。那么，这种被大多数人接受和支持的观点到底是不是靠谱呢？我们先看一个故事：

"兴趣是最好的老师。"这句话我们都听说过吧？这句话不仅暗示了兴趣爱好和职业之间的关系，同时也说明了兴趣对于时间价值的影响。没错，兴趣是最好的老师，那做自己感兴趣的事情自然也就更容易达到事半功倍的效果。毫无疑问，做自己感兴趣的事情，投入的时间成本所能获得的回报也应该是最大的。而说出这句话的爱因斯坦却用他自己的亲身经历给出了不一样的答案。爱因斯坦作为一位物理学家，他在科学界的地位和他在这个领域为人类所做出的贡献，我们就用不着多说了。同样，爱因斯坦在物理和数学这些学科上所表现出来的惊人的天赋也是大家有目共睹的。但是有一个特别有意思的事情就是，虽然爱因斯坦在这些方面的天赋惊人，成就卓越，但是这并不是他最感兴趣的事情。而爱因斯坦最感兴趣的事情是什么？不是物理学，不是数学，而是音乐，尤其是小提琴。爱因斯坦对于小提琴，已经不是兴趣那么简单了，完全到了一种痴迷的状态。事实上他也真的去做了，他从六岁就开始拉小提琴，而且一拉就是一辈子，从六岁以后的日子里他每一天都会花费几个小时来拉小提琴。但是这并没能让他成为一流的小提琴手，据说爱因斯坦有一个愿望，如果能够成为乐团首席小提琴手，他愿意用诺贝尔奖来作为交换。可是他的这个愿望实现的可能性不是很大。在他成名之后获得过一个跟一位一流钢琴演奏家合作表演的机会，但是表演进行到一半对方就不干了。更有同行嘲笑爱因斯坦拉小提琴时的样子就像是在锯木头一样，一点都不优美。看过爱因斯坦和小提琴之间的渊源，是不是觉得他当初没把最喜爱的事情作为自己的职业还是挺幸运的呢？

通过爱因斯坦的这个故事我们想要表达什么样的观点呢？很显然这又

是一个有悖于常识的观点，多少年来我们在选择未来方向的时候，师长们都会问我们"你喜欢什么呀？""你对什么感兴趣呀？"我们在面临选择的时候也会这样问自己。尤其是爱因斯坦的那句名言，那是很多人的座右铭。我们现在所说的这个有点反常识的观点又是从哪里来的呢？它来自欧洲管理学领域的泰斗级人物佛雷德蒙德·马利克的代表作《管理成就生活》，这本书中讲完爱因斯坦和小提琴的故事之后，作者给出了一句忠告，值得我们所有人注意：干工作，我们应该选自己最擅长的事情，而把感兴趣的事情留给爱好。

我们讲爱因斯坦的这个故事并摆出佛雷德蒙德·马利克的这个忠告，是要对这个问题持反对的观点吗？并不是，其实这就不是一个是非选择题，在支持和反对之外还有第三条路可走，这需要我们重新审视这个问题。结合佛雷德蒙德·马利克的这个忠告，这个问题我们这样问或许更能抓住事情的本质：我们应该怎么决定把自己的时间倾注在什么事情上？按照这个思路进行思考的话，我们就不难发现这个标准是不是擅长的事情。从时间的投入和产出比，也就是时间价值的角度来看，擅长的事情就是值得我们倾注时间和精力去做的，不擅长的事情自然就不是合适的选项。爱好和兴趣并不是核心的标准，凡是在自己喜欢的事情上成事儿的人，这件事肯定是同时满足了两个条件，感兴趣的同时也是擅长的。不然就会像爱因斯坦喜欢小提琴一样，我们经常说的那种无心插柳的成功者。他的这个柳，就是虽然不怎么感兴趣，但是却很擅长的事情。关于这一点，佛雷德蒙德·马利克讲了另外一位伟人霍金的故事。跟爱因斯坦一样，霍金的情况我们也不用再做过多的介绍。但是佛雷德蒙德·马利克觉得如果是从爱好出发做选择的话，霍金不太可能会取得现在的成就。毫无疑问霍金在物理学上有着惊人的天赋，这件事儿是他非常擅长的。但是却不一定是他愿意选择的，因为这并不是他真正感兴趣的事情。虽然他天赋惊人，但是在读书的时候并没有把学习这件事儿放在心上。相对于学习和做研究，他更喜欢喝啤酒、读小说还有搞各种学生运动。佛雷德蒙德·马利克说如果按照这个轨迹发展的话，霍金毕业之后更有可能会成为一个华尔街交易员之类的社会精英。霍金人生的拐点是21岁那一年他患上了渐冻症，除了坐在轮椅上安心做研究之外，其他所有的可能都被排除了。而这恰恰又是他最擅长做的事情，所以这种无心插柳式的伟大成就就是这么来的。

现在应该明白了吧？到底是什么决定了我们时间的价值？是那些让我们倾注了时间和精力的事情。怎么才能找到让自己时间价值最大化的事情呢？那就是躲开兴趣和爱好的干扰，找到自己真正擅长的事情，然后把你的时间交付给它。这就是我们跟时间和解的路径，我们拿什么跟时间和解？和解总是要拿出点诚意的吧。为时间匹配最合适的事情，让它的价值最大化，这就是我们的诚意。我们需要先成就时间，然后时间自然也会成就我们。这不是鸡汤，这是时间高效管理和利用的内在逻辑。明白了这一点，我们还要考虑一件事儿，那就是我们怎么做才能避开兴趣的干扰，准确找到自己真正擅长的事情呢？其实这件事儿已经有很多人在努力去做了，并且还总结出了非常靠谱的解决方案，那就是职业能力测评，但这是一个非常庞大也非常复杂的系统。我们可以找专业的机构，或者是专业的测试方案来获得答案，只不过这确实需要费一番工夫。有一个更加简单直接便于操作的方法分享给大家，那就是对自己做过的事情进行分析和归纳，看看哪些事情完成得最好。如果能够做到量化，那是最好不过的事情，如果实在无法量化，那就以别人的反馈为依据。哪些事情别人给出的反馈最好，哪些事情就是你真正擅长的。如果这样下来你发现自己擅长的事情不是一件而是几件，记住一定要选最擅长的来做，千万不要搞什么"雨露均沾"式的平均分配。高度聚焦，这是我们最后要记住的一句话。

逃离沉没成本陷阱，做爱惜时间的技术派

先来分享一个经济学的概念：沉没成本。什么是沉没成本？我们先说几个生活当中常见的例子，这样有助于我们对沉没成本有一个更加直观的感受。

比如，你花了一百元钱买了一张电影票，可是刚刚看了十分钟就觉得看这样的电影简直是在浪费自己的时间，就在心里盘算着要不要马上起身离开。可是要说马上就走吧，又有些舍不得这一百元钱的票钱。要是不把电影看完，这一百元钱就等于白花了。那么这让你拿不定主意的一百元票钱就是沉没成本。

比如，你跟很多人一起排队等车，等了半个小时车还没有来。你意识到这么等下去不是个事儿。如果再过半小时还等不来公交车的话，约好的一次会面可能就要泡汤了。你想着要不干脆打车去好了，可是打车呢心里又有些不舒服。不是因为打车的费用，而是觉得现在打车的话，那之前排队用掉的半小时就太冤了。这排队等公交用掉的半个小时，就是你的沉没成本。

周末的一天，你用掉了这周唯一一次外出的机会来到一个据说很是不错的地方游玩。可是到达目的地之后，你才深刻体会到那句看景不如听景的真正含义。眼前的景致跟网上帖子里所描绘的景色之间过大的差距让你有种马上返回的冲动。但是转念一想，为了到这里来你可是用掉了这个周末唯一一次外出的机会。这已经被用掉的唯一一次外出的机会就是你的沉

没成本。

再如，相恋了两年的恋爱对象，经过两年的相处，你越来越觉得对方不是对的那个人。理智告诉你，长痛不如短痛，既然真的不适合在一起，那就不如早一点分手好了。但是想到分手，你脑子里马上又蹦出另外一个念头，要是真的分手了，这两年当中我所付出的精力和感情不就一点价值都没有了吗？这时候，你付出的感情和精力就是沉没成本。

什么是沉没成本呢？就像上面的例子所讲的，那些已经支出了的，不可能收回的成本我们就把它叫作沉没成本。沉没成本可以是金钱、可以是时间，也可以是机会和情感，只要符合已经支出的、不可收回的成本这个条件的就都能被叫作沉没成本。我们应该怎样对待这些沉没成本呢？经济学上有一句名言叫作："沉没成本不是成本。"这句话该怎么理解？就是说沉没成本本质上是一种历史成本，它是造成当下状态的原因之一。但是对之后的投入和收益没有什么影响。我们在做决策的时候，只需要考虑接下来你的投入和收益，而不是考虑已经发生了的沉没成本。沉没成本不是成本的道理并不是什么新鲜的理论，几乎所有的人都明白。但是实际上我们又是怎么做的呢？跟这个道理恰恰相反，我们都知道沉没成本不是成本的道理，但是我们在做决策的时候却经常会被沉没成本绑架，做出很多不理智的决定。我们熟悉的"不要为打翻的牛奶哭泣"说的就是我们经常因为沉没成本而做出错误决定的现象。这里被打翻的牛奶就是我们现在说的沉没成本。

那么说到这里，有两个问题我们需要说清楚，一个问题就是我们为什么要在这里讨论一个经济学上的概念？另一个问题就是，既然"沉没成本不是成本"是一个知易行难的问题，明白的人很多，但是能做到的人却很少，那我们又该怎么破解这个困境呢？

我们先把第一个问题解决掉，我们为什么要在一本讲时间价值的书当中讨论这么一个经济学的概念呢？那是因为，沉没成本的概念虽然最早是在经济学领域当中明确提出的，但是它的作用和应用不仅限于经济学领域。我们一定要弄清楚一个真相，沉没成本是经济学首先明确提出的，而不是只有这个领域所独有的。就比如我们这本书所要讨论的时间价值和时间管理的领域，时间管理有没有沉没成本？当然有。我们做什么事情都是需要时间的，时间也是成本的一种，我们为了做成某件事已经付出的时间，完全符合沉没成本的所有条件，它就是沉没成本。就像我们在说什么是沉没成本的时候所说的那个等公交车的例子，那个故事当中他等公交车所花费的半个小时的时间就是他的沉没成本。而且从那个故事当中我们也能够看到，很多时候这些已经付出的时间确实能够严重影响我们的决策。稍有不慎还会让我们之后的很多时间白白浪费掉。如果故事里的主人公，因为不甘心之前的半个小时白白浪费掉而选择继续等待的话，那接下来的半个小时很可能也会浪费。我们都知道，在很多交通拥堵的城市遇上堵车的时候一个小时等不来车也是很正常的事情。看来我们对"沉没成本不是成本"这句话经常是知道而做不到，在时间管理上同样也是如此，我们同样需要解决"沉没成本不是成本"知易行难的问题。

这就又回到了我们需要解决的第二个问题，可是这个问题又该怎么解决呢？这是一个困扰着很多人的问题，也有很多人在尝试着解决它，答案也早就已经有了。这里我们分享一个由北京大学经济学教授薛兆丰老师提出来的解决方案，薛兆丰老师告诉我们经济学领域的问题就应该用经济学的方法来解决。为了解决这个问题，薛兆丰老师给我们分享了另外两个经济学概念，叫作边际成本和边际收益。怎么理解边际成本和边际收益？它能给我们带来什么样的帮助？这两个问题我们要是反过来的话可能接受起来会更加容易，我们先来说边际成本和边际收益是怎么帮助我们的。它们给我们的最大忠告就是，当我们在做决策的时候永远都要紧盯着边际成本和边际收益，并把它们作为我们决策的最重要的依据。如果这样的表述还不够直接的话，薛兆丰老师说遇到这种情况记得问自己一个问题：我们还要投入多少才能得到预期的回报？具体应该怎么操作？薛兆丰老师举了一个例子，并把这个例子放在了几个不同的场景当中，我们可以从不同场景下条件的变化来领悟边际成本和边际收益的运用之道：

假设现在有两个方案，你需要在这两个方案当中做出选择。记住，这是一个单选题，不能做出两个都选的决定。第一个方案是，你需要投入100元，然后你会得到150元的回报。第二个方案是，你需要投入100元，你能够获得的回报是200元。这时候你应该怎么选？这好像完全没有难度的样子，简直不能算是一个选择。谁都知道第二个方案更合适呀。那么，要是情况变了呢？现在的情况是你已经在第一个方案投进去了50元，同时你也在第二个方案里面投进去了50元，这时候你又会怎么选择呢？这好像变得有点难了，不过还不是太难。只要对比一番还是能够做出选择的，按照之前的预设现在需要在第一个方案上再投入50元就能得到150元。而要是把这50元投入第二个方案里面的话，得到的回报就是200元，这个选择也不难。可是，现在情况又变了。现在你已经在第一个方案上投进去了90元，而第二个方案呢？你还没有开始投入。这种情况下，又该怎么选择呢？我们来衡量一下，第一个方案现在再投入10元钱，就能得到150元。那么第二个方案呢？为了得到那200元的回报，你需要投入100元钱。这种情况下从投入和回报比例来看，是不是第一个方案比第二个方案要更合适一些呢？确实是这样的。

通过这几个场景的不同条件下做出选择的模拟练习，我们会感觉到这好像也没有想象得那么困难。边际成本和边际收益也没什么好神奇的呢？没错，这确实没有什么神奇的地方。所谓的边际成本，就是立足当下你还要继续付出的成本。而所谓的边际收益，就是因为你的这个边际成本的支出而获得的收益。这确实没有什么玄妙的地方，但是对我们来说最重要的就在于"立足当下"这四个字，这是最能帮到我们的地方。我们再想想我们在这几个场景当中做选择的时候，我们做决策的依据是什么？不是已经付出了多少，而是我们当下还需要付出多少，以及我们当下的成本付出所能换回的收益。这是我们应该练就的一种思维习惯，上面的这几个场景可以作为这种思维训练的道具。如果我们能够经常在现实中主动寻找类似的例子进行刻意练习的话，那绝对是我们逃离沉没成本陷阱的有效路径。这样我们就再也不会因为沉没成本的影响而浪费更多的时间了，这也是我们跟时间和解的重要方法。

第六章

保持专注，用好精神聚焦原理

制造心流时刻，时间的回报超出想象

我相信很多人经历过这样的神奇时刻，那一刻我们的精神高度集中，我们把所有的注意力都放在当下的事情上，甚至已经忘记了自己正在做这件事儿，我们忘了自己也忘记了全世界，我们也忘记了时间的存在。当我们从这样的状态中"苏醒"过来的时候，等待我们的会是什么呢？惊喜，愉悦，充实，成就感，全部是一些无比美好的体验。这还不是全部，比这些美好的体验更加实惠的是，你会发现在刚刚过去的那一刻你好像是人品爆发一样，取得了从来都没有过的成就。这绝对是超水平的发挥，优秀得超出自己的想象。

不管你从事的是哪个领域的工作，相信都经历过这样的神奇时刻，怎么解释这种现象？这其实就是我们在前面提到过的心流状态。这听起来又是一个跟时间管理没有太大关系的话题。没错，如果稍加留意的话就会发现，这是这本书的一个特点。因为时间管理和时间的价值，这是一连串事件共同作用的结果。这当中任何一个环节做得不到位，就很难得到我们想要的结果。而想要把这件事儿做好，光知道跟时间较劲儿是远远不够的。事实上，我们在时间管理上所花费的时间和精力不是太少了，而是太多了。但是在其他方面，我们做的就真的是太少了。这样的情况绝对不能再继续下去了，所以在这本关于如何提高时间价值的书里，我们看到了很多好像跟主题没有直接关系的内容。可是当我们抽丝剥茧，一步步抵达事情真相的时候，你就会发现这一字一句讲的都是时间的价值。

就像我们现在讲的心流状态，当我们处在心流状态的时候我们的执行力、想象力和创造力都变得前所未有的优秀，这一刻的时间价值无疑也是最高的，虽然在这种状态下我们其实已经忘记了时间的存在。遗憾的是，这样的时候还是太少了，而且还很难把握，就像我们对于灵感的认知。于是，所有了解心流状态的人心里都有一个美好的愿望，我们要是能够了解心流背后的规律就好了。这样我们的心流时刻就会更多一些，我们的时间也会变得更有价值。不得不说，心流时刻的多与少确实是因人而异的，而且差距还很大。这种结果的差距背后肯定会有着某种特定的原因。我们找到了这个原因所在，也就等于找到了心流的秘密。心流的概念我们在前面也曾提到过，但是并没有提到过心流的秘密，现在正是时候。

如何才能制造更多的心流时刻，让自己的时间变得更有价值？我们还是需要从心流概念的提出者米哈里·契克森米哈赖那里寻求答案。他通过《心流：最优体验心理学》把心流的秘密告诉我们。我们到底应该怎么做呢？只要做好最关键的三步，让自己的心流时刻越来越多完全是可以做到的事情。

首先，要主动设计。

不妨比较一下，我们所做过的事情当中，那些被要求做的事情和自己想要做的事情。哪类事情当中达到心流状态的概率会更高一些？结果就是我们想要做的事情达到心流状态的概率更高。为什么会这样？自己想要做的事情会拥有较高的意愿，就会本能地把更多的注意力聚焦在这件事儿上。主动要做的事情会有更强的操控感和归属感，更加容易调动主观能动性。所以，要制造更多的心流时刻，主动设计就是我们要做的第一件事儿。主动设计有没有一个标准呢？我们需要把事情做到什么程度？或者换一个说法，这个主动设计怎么才能做到量化？主要明确了这一点，主动设计才有落地的可能。不然就像"少许""若干""适量"一样，好像是说明白了，听起来也像是那么回事儿，但是一旦开始实操心里就没谱了，下手也没个准，不知道这个分寸到底该怎么把握。

主动设计这个事儿到底有没有标准呢？有，这个标准就是清晰。怎么才算清晰？有目标，有路径，有方法。这件事儿我要达成一个什么样的目标？销售额达到五十万元；产量提升百分之二十；好评率达到百分之九十五以上；这些是不是很具体？当然很具体了，已经做到了数字化了，没有比量化的标准更明确具体的目标了。然后还得有路径，通过什么样的路径达到一个目标？这个必须得有一个明确的答案。同时，通过这个路径达成目标需要什么样的方法？这样的方法自己有没有掌握？也是我们需要回答的问题。只要这些问题都能得到解决，那主动设计这一步就算做得不错。主动设计做到位了，你的潜意识就会感应到这件事儿你是认真的。自尊心／自信心这些正面情绪就会随之而来，对于精神的高度集中有着非常重要的作用。

其次，设立反馈机制。

及时的反馈机制是上瘾机制当中非常重要的一部分，什么是上瘾我们肯定都不陌生。那些让我们欲罢不能的事物都是上瘾机制的有效载体。游戏、视频，包括现在很多的学习和知识付费产品，它们的机制当中到处都是反馈机制的影子。比如游戏，你的一个操作之后马上就有超炫的超酷的效果呈现，让你心头忍不住一动，精神也振奋了许多。而且这种反馈多到你不敢把目光从上面移开，感觉稍微一分神就错过了很多超爽的体验。除此之外，还有各种勋章，各种等级设置已经过关后的奖励。甚至是失败以后的反馈都在暗示你就快要成功了，就差那么一点点，再来一次你就成功了，这同样也是一种不要离开请继续保持专注的引导。事实上这种设置确实起到了不小的作用，游戏一旦开始想要果断离开真的挺考验人的自律能力的。

不光是游戏，现在的付费学习平台，也会设置反馈机制。你听课、读书，每当告一段落的时候都会受到学习时长的反馈。也许其实你已经感觉到有些疲累了，但是平台反馈告诉你，你很棒！你已经坚持学习了多长时间。还会有一个学习时长的排名，告诉你你已经超越了多少人，还有多少人排在你前面。潜台词就是说，那些排在你前面的人，他们比你优秀，比你爱学习。这时候会没来由地觉得，其实自己也没那么累，我还能再坚持学习更长时间。让你听完一节课或者是读完一本书之后，你还会收到为你颁发的勋章。不管是不是真的学到东西，单是这个勋章所带来的自我认同感就让你觉得这事儿挺值的。平台还会鼓励你随时写下自己的感悟和心得，同时你也能看到别人的感悟和心得。你可以评价别人的笔记，你的笔记也会收到别人的点赞和评论。这一切都会让你觉得学习其实还是挺有意思的，你发现在不知不觉之间你已经爱上学习了。其实是上瘾机制已经慢慢发挥了作用，而上瘾的结果就是你会在这件事儿上长时间保持高度的注意力。这就是心流形成的必要因素。

所以，为了制造更多的心流时刻，我们也需要为自己所做的事情设立及时的反馈机制。我们把一个较长周期的大目标分解为几个比较容易达成的小目标，而每一个小目标达成之后还要设置适当的奖励机制。不一定非得是什么了不得的奖励，这更像是一种仪式感，我们需要这种及时的，尤其是正向的反馈。也许是一杯咖啡，或者是给自己的一句鼓励。这些及时的反馈会有意想不到的功效。这个反馈机制的设置需要注意两个关键，一个是要跟自己的精力和注意力的规律相契合。研究认为一个成年人保持注意力集中的时间为五十分钟左右，当然每个人的情况也是不一样的，经过专业训练的人可能会坚持得更久。这需要根据自己的实际情况而定，我们要说的是反馈点的设置要跟这个时间相契合。当我们感觉注意力很难再集中的时候，如果有一些反馈我们能做得更好。还有一个是，这个反馈机制既可以设置为自我反馈，也可以设置为外部的反馈，比如家人、伴侣甚至是同事和领导的反馈。这些都有助于我们制造更多的心流时刻。

最后，动力和压力的辩证存在。

说到心流状态出现的时机，我们会发现心流跟压力之间有着紧密的关联。从事写作的人会发现自己往往是在交稿前夕编辑不断催促的时候最容易出现这种心流状态。这段时间写作的速度和质量都要远超平时。从事创造性工作的人也是如此，都是经常在最后关头灵光一闪，了不起的创意就产生了。而这些时候往往都是压力比较大的时候。所以制造心流时刻的最后一步我们要做的就是动力和压力的辩证统一，我们需要借助压力以保证注意力的高度集中，但是又不能让压力过大而使我们崩溃。这需要通过目标的难度设置来实现，这么说起来好像是挺难的事情。其实用我们熟悉的一句话就能说明白，在说到目标难度设置的时候我们经常讲的一句话叫作："跳一跳，够得着。"做到了这一点，也就实现了压力和动力的辩证统一。难度太小，会因为缺乏挑战性而索然无味，这样是很难集中注意力的。难度太大又会因为看不到希望而失去动力，同样无法起到注意力聚焦的作用。所以，这最后一步我们要做的就是给自己一个既有挑战性又充满了希望的目标。

资讯泛滥的时代，拿什么拯救自己的注意力

我们刚刚聊过了心流状态，并分享了制造心流时刻的三个重要步骤。这对我们提升自己的时间价值有着非常重要的作用。现在我们回过头来再看一下，这三个步骤虽然具体的操作是不一样的，但是目的其实都大同小异，都是为了保持注意力的高度集中。只要能在较长的时间内做到不分心、不走神，我们邂逅心流状态的概率就会变得高很多。但是知道这些还远远不够，要想做到也不是一件容易的事情。我们要做到不分心到底有多难？我们做一个简单的测试，我们的手机都有屏幕时间管理的功能，你不妨观察几天你盯着屏幕的时间是多久。这个功能还会显示你用于聊天的时间比例是多少，听音乐看视频的时间是多少，阅读的时间是多少。除了极少数需要一直盯着手机屏幕的人以外，我们应该能想到这些盯着手机屏幕的时间，应该是做其他事情分心的时间，尤其是那些特别重要的工作。遗憾的是，有些手机现在还无法记录我们拿起手机的次数，但是有心人却早已做过这方面的统计。统计结果显示，我们平均每天拿起手机的次数是50次到108次，这只是平均数字。频率大的人一天拿起手机的次数会在300次左右，而每一次都有可能造成分心和走神。想要做到注意力集中到底有多难？由此可见一斑。

话说如此，既然我们现在讨论的是如何才能保持注意力的高度集中，那就是说我们是不会放任这种状态的。那我们应该怎么做呢？想要保护好自己的注意力，我们需要向专业人士寻求答案。有一位美国的心理学博士叫作

露西·乔·帕拉迪诺，她专注人的注意力研究已有三十多年。所以对于这个问题，她应该是有发言权的，我们听听她是怎么说的。

在各种资讯极度泛滥，外界刺激无处不在，我们的注意力随时都有可能被劫持的当下，我们怎么才能集中注意力？想要从露西·乔·帕拉迪诺这里找到这个问题的答案，我们得先了解一下注意力曲线。什么是注意力曲线？注意力曲线是露西·乔·帕拉迪诺为了说明我们的注意力和外界刺激之间的关系而绘制的一个曲线图。这个图简单来说就像是一个倒过来的U形，把这个倒过来的U形放在一个坐标图当中，横轴代表的是外界刺激的强度，露西·乔·帕拉迪诺把它称为刺激水平，纵轴代表的是我们的注意力集中的程度。那么这个注意力曲线告诉我们在注意力和外界刺激之间存在着的是一种什么样的关系呢？它们的关系是这样的：当外界刺激强度过低的时候，这件事儿是没办法吸引我们的注意力的，这就是说我们的注意力很难集中在这件事儿上。而随着外界刺激强度的不断增加，我们的注意力聚焦也越来越明显，这个关系一直保持到这个倒U形注意力曲线的顶点。这个强度的外界刺激能够把我们的注意力聚焦发挥到极致。可是等过了这顶点的临界值，随着外界刺激强度的不断增加注意力的集中度开始慢慢变低，一直到注意力完全不能集中，也就是落到了纵坐标为零的位置。

其实这个关系并不是露西·乔·帕拉迪诺首次发现的，只不过她第一次创造性地使用注意力曲线来诠释外界刺激水平和注意力直观的关系而已。比如我们在上一节当中所说的压力和动力之间的关系，其实本质上也是这样的一种关系。适当的压力能够转化为动力，让我们的注意力更加集中，但是压力一旦过大反而会适得其反。那么，到底是什么原因造成了外界刺激和注意力之间形成这样的一种关系呢？这是因为在它们当中有一种关键的物质在起着作用，那就是肾上腺素。其实我们看到的注意力曲线所呈现的外界刺激水平和注意力之间的关系，往更深一层说是肾上腺素和注意力之间的关系。当肾上腺素分泌量过低的时候，我们的思维活跃度也会变得非常低。表现出来的就是无所事事，百无聊赖，一点都兴奋不起来，也无法把注意力集中到某件事儿上。可是当肾上腺素分泌量过高的时候，又会因为过度兴奋而产生焦虑、不安、愤怒甚至是恐惧的情绪。这些情绪会让我们的思维失控，理智告诉我们这时候尤其应该集中注意力，但是我们根本做不到，因为已经失控了嘛。我们已经被这些负面的情绪掌控，而这些导致我们失控的负面情绪就是因为思维过度兴奋所造成的。思维的过度兴奋又是由肾上腺素分泌过多造成的，而肾上腺素的分泌量跟外界的刺激水平是成正比的。这才是这件事儿的完整的影响链条，但是注意力曲线想要告诉我们的可不只是这些。注意力曲线还有一个特别重要的概念就是注意力专区，什么是注意力专区？就是在这个倒U形范围之内的这个区域，在这个区域内刺激水平既不会过低也不会过高。这个状态又被她称为最佳刺激状态。

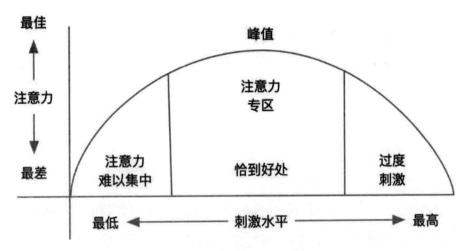

露西·乔·帕拉迪诺博士描绘的"注意力曲线"图

我们了解注意力的专区的意义在于，我们能够知道我们能把这件事儿做到什么程度。虽然我们都很想让注意力保持在顶点的状态，但我们知道这并不太现实。我们所能做的就是经常让我们的注意力处在这个注意力专区里，保持一定程度的专注我们就已经很优秀了。我们不能奢求随时都处在极度专注的状态，这不科学。那么，我们需要怎么做才能确保自己经常处在注意力专区里呢？还是关键的三个步骤，我们需要做好下面的三件事：

假装自己是另外一个人

这是一个非常好玩，但是又非常重要的事情。我们不仅要学会怎么做，还一定要坚持做，直到成为一种习惯。其实也不是很难，就是在你感觉注意力不是很集中的时候马上从自我的意识当中跳出来，从旁观者的角度观察一下到底是什么原因让你无法集中注意力。为什么一定要跳出来，因为当局者迷旁观者清。当我们被各种负面情绪操控的时候，我们很难静下心来进行观察。但是如果能跳出自我的认知，这事儿就非常有可能了。怎么做呢？就是假装自己是另外一个人，就像是角色互换一样。你已经不是那个无法集中注意力的人了，你是另外一个陌生的人，一个冷静的观察者。听起来有些不可思议，但是真的很管用。当你站在旁观者的角度来审视这一切的时候，你总能看到很多平时意识不到的东西。你会看清楚自己容易分心的原因，是因为刺激水平不够还是过大。可能一开始做会有些不习惯，一定要坚持，直到自己可以在自己和陌生人之间随意切换角色为止。这样你就可以随时察觉自己的状态变化，并能找出原因所在。这很重要。

随时调整肾上腺素

利用第一步角色切换观察法，找到了容易分神的原因之后，下一步应该怎么做呢？自然就是要调整刺激水平了。但是很多时候我们是没办法改变一件事儿的刺激水平的，有些事对我们来说确实没有足够的吸引力，但是我们又不能不做。还有一些事情，虽然对我们刺激很大，或者是给我们造成了过大的压力，但我们还是必须要面对。我们前面说过一种方法，那就是主动设计，变被动为主动。这确实是一个不错的方法，但是当我们已经处于困境的时候，这个方法还是显得有些慢了。我们得学会一些直接调整肾上腺素的方法，其实有些方法是很常见的。比如，当我们的肾上腺素超标而有些失控的时候，采用深呼吸法有助于我们恢复平静。这就是非常不错的降低肾上腺素的方法。而当你对一件事儿提不起兴致的时候，做一些相对比较剧烈的运动，甚至是大喊几声，则会让自己的肾上腺素得到提升。如果抛开肾上腺素的概念的话，我们也可以直接理解为舒缓和热身方法。相信我们都有合适自己的方法，那就按自己的方法去做好了。

把心理排练进行到底

什么是心理排练？就是像排练一样在心里模拟自己在某种场景下的感受、行动以及思考方式。这么做有什么好处？反复的心理排练有助于让大脑中的多种化学物质的分泌达到一种平衡的状态，从而保持一种可持续的专注。只不过对于及时调整肾上腺素来说，这是一个特别需要时间和耐心的方法。但是这样的方法一旦奏效，它的持久性足以让我们熟练掌握一项技术或者成为某个领域里的好手。所以，一定要把心理排练进行到底，我们值得为它付出更多的时间和精力。

模块化奋进，消灭一切可能的干扰

有句话我们都很熟悉，"理想很丰满，现实很骨感"。其实跟现实形成鲜明对比的除了理想，还有理论。很多事情，如果从理论的角度来叙述的话，听起来确实是个不错的主意。可是当我们兴冲冲地开始实践的时候才发现，这种很不错的感觉原来只是理论上的，现实远非如此。集中注意力这件事儿同样没办法摆脱这个规律，我们分享了好几个关于如何更好地集中注意力的方法，尽管这些方法不仅仅是停留在理论上的。但是当我们拿来用的时候，还是遇到了很多意想不到的问题。其实这也完全是意料之中的事情，只要你明白了理论和方法的本质，你就不会觉得有什么值得大惊小怪的。什么是理论和方法？理论、方法和模型都是我们对现实的高度简化和提炼，这其实是一个过滤细节、去场景化和消除个性化的过程。这个过程当中，分类是我们最常用的方法，分类的逻辑就是特别典型的把复杂的现实简单化的思路。分类的结果就是提炼共性，消除特性。然后再用这些共性去解决某一类的问题。可是一旦真的用于解决问题，就必须要把这些由共性而来的方法再放到具体的场景中来。这样一来，细节和特性就会重新回来，一切又开始变得复杂起来。但是这些复杂的情况都是在方法理论当中所不曾见过的，这时候有些不知所措也完全是情理之中的事情。

那么，我们这么说是要否定方法和理论的重要性吗？根本不是。不管是什么样的理论和方法，它们对于问题的解决都有着不可替代的作用。我们讨论理论和方法的本质的本意在于了解方法论和现实的不同，让我们时刻不敢忘记现实的复杂性。时刻不忘现实的复杂性，才能更好地把方法论跟现实结合在一起，才能用它来解决现实的问题。就拿我们刚刚学到的集中注意力的方法来说，要想把这个方法用好，就得把它跟你的实际情况结合起来，你要知道你的现实情况跟这个方法的提出者所列出的任何一个案例都不相同。所以你要用这个方法，就一定要有这个意识，你的脑子里装的一定得是自己的现实而不是案例中的现实，不然你很快就会觉得不对，用这个方法根本解决不了自己的问题。

很多人就是这样，他想要按照我们分享的方法制造更多的心流时刻，他想要自己的注意力一直停留在注意力专区。学习这样方法的时候觉得自己很幸运，觉得改变很快就能发生了。可是真到了去实践的时候才发现根本就不是之前设想的那样，虽然很想按照方法当中讲的那样去做，但是真的太难了，现实根本就不允许。现实比想象复杂太多了，总是有意想不到的意外来打乱做事的节奏。虽然我们掌握了方法，但是现实总是不按套路出牌。这样的事情有没有遇到过？相信很多人都遇到过。

你刚坐下来想要认真阅读一本书，突然想起来有一个特别重要的通话，你必须先要把这事儿处理好了才能真正地安下心来。

你想要专心致志地完成那篇重要文章的写作，这大概需要两个小时的时间。如果可能，你希望这段时间里不要有人和事来打扰你。但是真要这么做的时候，却又没来由地担心起来，如果你把手机静音的话，他们有急事找不到你该怎么办？

诸如此类的情况会经常发生，不同的人所遇到的情况不尽相同，但是这些意外的打扰绝对是谁都避免不了的。为什么会这样？原因就像我们上面所说的那样，我们在接受方法的时候忘记了现实的独特性和复杂性，或者我们把案例当中的现实当成了自己的。我们要相信一句话：所有的始料未及都是源自思虑不周。很多时候我们所以为的意外其实都有迹可循，之所以会猝不及防，那是因为我们的忽略。怎么才能避免各种现实中的意外打扰？我们需要做好下面的两件事情：

所有的方法都是模板，我们需要靠个人化解决问题

不难看到，从这一节开始我们就在反复强调这一点。这应该被记住，当一个方法被分享出来的时候，它其实已经脱离了具体的场景，它已经变成了一个标准化的模板。但遗憾的是，我们希望用它来解决的问题所在的场景都不是标准化的场景。事实上，也没有标准化场景的存在。这就是现实，它的复杂性远远超出我们的想象。我们需要有一个原则来指导我们完成模板化的方法和非模板化的现实的完美对接。这个原则就是：所有的方法都是模板，我们需要靠个人化来解决问题。

所以，当我们打算用某个方法来解决问题的时候。我们一定要充分重视我们独特的现实，重视这个问题所处的场景的所有细节。就像我们重视方法本身一样，甚至还要更多一些。然后，当发现方法和场景的细节并不是那么一致的时候，记住，一定要让方法适应你的场景，这样问题才有可能得到解决。从来没有不太对劲的场景和现实，只有还没有被改良的方法。没错，就是改良，或者你也可以称为个人化或者是私人化。善于借用别人分享的方法来解决自己问题的人都非常擅长这一点，好在这么做其实并不是很难。这件事儿最难的就是在面对方法和现实的冲突时我们总是过分相信方法的正确性，毕竟能够分享这些方法的都是一些值得我们敬佩的人，最起码他们也都是过来人。我们在潜意识里会更加相信方法是对的。现在我们知道该怎么做了，我们拥有这个原则作为行动的指导，事情就变得简单多了。

模块化奋进，为必要的专注清理障碍

首先要记住一句话：我们不可能完全避免所有意外情况的打扰，但只要成功避免了其中的绝大部分，你就已经很了不起了。为了成功避开相当大一部分意外情况的打扰，我们必须要做到模块化奋进。模块化的说法我们应

该不会觉得陌生，也相信我们不用再对什么是模块化做过多的解释。就像大家理解的那样，就是要把我们的时间分成几个大的模块，把我们需要处理的事情各自放在合适的时间段来处理。这对一个热衷时间管理的人来说，并不是什么新鲜的事情，很多人恐怕早就已经把它变成了一种习惯。特别是一些非常重要的事情，它们总是会占据一个独立的模块，甚至还要更多。但是我们要说的不是这个，我们不太会对一些大家都知道的事情再做过多的叙述。

我们强调模块化奋进，真正想要说的是那些在我们看来不是很重要的事情，因为它们不是很重要所以我们经常会忘记它们的存在。很多时候我们不会为它们预留时间，更不会提前把它们处理好。所以当我们想起来的时候，它们已经变成非常紧急的事情了。虽然它们没有什么价值，但是我们必须马上就做。这就是为什么我们总是被它们打扰的原因所在。所以我们非常有必要为这些事情单独预留一个时间模块，把这些琐碎的但是经常会造成紧急情况的事情提前安排好，或者是提前处理好。这需要我们对自己的实际情况有足够细致的观察，我们为什么一直在强调要足够重视当下的现实？这就是原因。

没错，我们之前说过要对时间进行有限管理。我们说过并不是所有的事情都必须要在特定的时间内完成，但是这并不妨碍我们做这些事儿。我们只有在那些特别重要的，需要非常专注的时间模块之外，为这些可能会对我们造成困扰的事情单独预留时间模块并集中处理它们，那些重要的事情，我们才有可能真正专注地去做。我们没办法避免所有的干扰，但是我们能避免一大部分。事实上，当我们总是有意识地去对待这些麻烦的时候，你就会发现这样的麻烦变得越来越少了，在重要的事情上保持专注也就变得越来越容易了。

适当的分心，有助于高效的专注

上一节我们主要讨论的是如何管控自己的注意力，让自己尽可能地保持专注。这一节我们将要讨论一下专注最可怕的敌人：分神。这可能并不是追求高效专注的人想要讨论的话题，但是我们真的应该这么做，这对我们很重要。毫不夸张地说，对待分心走神的态度在很大程度上决定了我们能不能把专注进行到底。事情真的会有这么严重吗？我们不妨拿生活当中的另外一个例子来做比较，虽然事情不一样，但是内在的逻辑是一样的。

我们都知道采用节食减肥的人最害怕的是什么，没错，最害怕的是自己扛不住美食的诱惑而"破戒"，就跟追求专注的人总是忍不住会分心一样。虽然我们一直在告诉自己万万不能允许这样的事情发生，但它还是会发生，这种事情几乎无法完全避免。可是，这样的事情发生在不同的人身上，之后事情的走向却有着很大的区别。有的人看起来自律能力特别强，能把节食这种高难度的事情坚持相当长的一段时间，无论如何能坚持这么长时间确实是一件值得骄傲的事情，事实上他也真的会因此而自豪。他也经常会对身边的人说，你要意志力够强就没有什么事情是做不到的。可是，事实证明这样的人一旦要是"破戒"，紧跟着就是"破功"。可能还会有更糟糕的，他不但会因此彻底放弃节食这件事儿，整个人的精神面貌也会变得很不好。

当然，还有一些人对"破戒"这事儿显然没有那么敏感。虽然也会感到难过、沮丧，但是还不至于绝对不能接受。事情发生之后他们可能会需要一点时间来调整自己的状态，然后又会鼓起勇气把节食坚持下去。不过也不会每次都能顺利恢复信心，在内心深处他们也有一个承受的极限，通常是事不过三。当然每个人对这种意外的承受能力是不一样的。一旦这种事情发生的次数达到了自己承受的极限，事情同样会变得很糟。

还有第三种人，这种人同样也很自律，但是当偶尔出现意外的时候他在想什么？不是说这件事情到底有多糟糕，更不会因此就觉得自己自律能力不行，根本就不会做这样的事儿，完全不是。他这时候想的是我应该怎么减少这件事儿对我减肥事业的影响。这样得到的结果是什么？因为这一顿吃得有点多，我可以适当增加当天的运动量，或者是采用一些别的方法把今天多摄入的这部分热量消耗点就行了。这样一来，不仅没有带来多大的负面影响，感觉太辛苦的时候还能偶尔犒劳一下自己。这样的坚持反而更持久，很多人说减肥是一辈子的事，控制饮食也是。但是一辈子坚持不"破戒"的人并不多，倒是这种偶尔犒劳一下自己的人做起来更容易一些。

现在我们来看看，忍不住多吃一些这样的意外对于节食的人来说是不是很可怕？很显然是的。因为有那么多的人坚持不下来就是因为它的出现，还有不少人都开始怀疑自己了。但是它的可怕之处真的在于多吃的这点儿对于体重的影响吗？其实并不是，偶尔多吃的那一点并不会对体重有多么大的影响，如果再辅助以别的办法的话，那几乎是没有什么影响的。我们明显能够看明白，事情的关键并不在这里，它对我们精神和心理上的影响要比身体上的影响大得多，这跟偶尔走神对专注的影响是非常相似的。如果我们在工作当中发现自己走神了，怎么办？其实很简单，赶紧把注意力收回来就可以了。走神往往就是一瞬间的事情，第一时间收回心神，对工作并不会有什么明显的影响，这个时间也几乎是可以忽略的。但是，实际情况又是怎么样的呢？实际情况往往是，如果脑子里没有我一定要集中注意力的概念可能还会好一些，发现自己走神了就赶紧重新把注意力放到正在做的事情上就行了，这个比较容易。但是如果是一心想要做到高度集中，甚至是完全不允许自己出现任何分心走神的情况，事情就会变得很不一样，他们很难在短时间内收回自己的注意力。因为这种情况下他们的注意力很有可能会被各种负面情绪影响，比如沮丧、懊恼、自责、焦虑甚至是愤怒。这取决于这件事情本身的重要性和我们对于这种意外的容忍程度。在负面情绪的操纵下要重新回到专注的状态对任何人都不是一件容易的事情。如果对这种意外一点都不能容忍的话，很有可能在极端情绪的驱使下做出自暴自弃的事情来。

所以，想要让专注成为习惯，我们就必须得学习跟这种意外情况的相处之道。这听起来有些不好理解，但是我们没有不这么做的理由。那么，我们到底应该怎么跟分心走神相处呢？希望下面的这些内容，能够给我们带来帮助：

先搞清楚真正目标

当我们说要拒绝走神、保持专注的时候，你一定要弄明白这句话到底是什么意思。这听着是不是感觉有点绕？难道我们自己说的话，还不知道是什么意思吗？还真的不是谁都能明白的。我们就说拒绝走神这件事儿，我们要拒绝的是什么？是经常分心、走神的习惯，或者叫作习惯性走神。这才是我们的目标。可是我们在实际行动中瞄准的目标是什么？是每一次具体的走神。一旦我们把目标锁定为拒绝任何一次具体的走神，这事儿有多难？研究表明，我们一天当中走神的时间，在我们清醒时间中的占比是46.9%。也就是说，正常状态下我们差不多有一半的时间都处于走神的状态。那要想让自己一次都不走神，这难度可要比坚持节食大太多了。所以，如果真的想要让情况变得更好，最明智的做法就是先认清目标，搞明白我们的主要任务是什么。

把伤害的机制弄明白

希望自己能够总是专注的人对于走神是那么的痛恨，因为它们给我们带来了太多的困扰。可是就像我们在前面看到的那样，我们有必要弄清楚这种困扰到底是怎么造成的。其实现在我们已经看清楚了事情的本质，这种困扰并不是来自它们本身，而是来自由此引发的负面情绪。这有点像是大自然当中的次生灾难，虽然说是次生但是危害却比引发它们的事情还要大很多。在这个过程中我们需要牢记两点：短暂的走神是一件再正常不过的事情，它本身通常不会给我们造成太大的麻烦；如果我们不能及时控制住自己的情绪，我们的麻烦将会大得出奇。

反复强化训练，及时收回注意力

如果已经做好了上面的两个步骤，我们就应该知道把走神带来的影响降到最低的关键在于能不能及时收回自己的注意力，并不因此而触发负面情绪。前面的两个步骤无疑已经让我们完成了认知和心理上的准备工作。而第三步的关键在于能不能在知道该怎么做之后果断地实行。虽然前面我们做了那么多的阐释工作，但是这样做依然很难。因为如果我们需要花时间思考才能有所动作的话，那就意味着我们需要在走神状态上停留更久，这个过程越长就越容易触发负面情绪。怎么办？强化训练，在一些不太重要的事情上进行有意识的反复训练。因为刚开始的时候我们需要稍作思考，所以需要在一些不太重要的事情上进行强化训练。但是这个过程会越来越短，一直到最后形成一种习惯，一旦再遇到走神的情况我们就能近乎本能地做出正确的行动。

消极专注，把不想做的事情做好的秘密

这一节我们打算从一组管理领域当中的相辅相成的概念进入话题，然后进入另一组跟专注相关的概念。因为第一组概念大家比较熟悉，接受起来比较容易。这就是我们经常会遇到的激励上的一组概念：正向激励和负向激励。这是我们所有人日常工作和生活很重要的一个组成部分，我们从幼儿园开始再到后来走上社会参加工作。别人会用这两个方法来激励我们，我们也会用这样的方法来激励别人，同样也会用这样的方法来激励自己。如果正向激励和负向激励的说法让你觉得还是有那么一点陌生感的话，那更加容易被理解的表述其实就是两个字：奖和罚。奖励就是正向的激励，让我们为了想得到某种奖励而努力。惩罚就是负向的激励，它会让我们因为想要避免某种处罚而努力。一正一负虽然方法不一样，但是作用却是同样的重要。所以，我们在谈到激励机制的时候，经常还会有另外一种表述方式叫作奖惩机制。这两者相辅相成，永远都是成组出现。只有奖和罚同时做到位，让正向激励和负向激励全部得以落地，激励的作用才能得到最大限度的发挥。

当然，奖和罚所代表的正向激励和负向激励并不是我们真正想要讨论的。通过这组我们再熟悉不过的概念我们想引出的是在专注上的一组概念，也是我们这一节的重点所在，这就是：积极专注和消极专注。什么是积极专注，什么又是消极专注呢？我们用正向激励和负向激励的概念做类比。正向激励是让我们因为希望得到某种奖励而努力，积极专注呢？指的就是我们因为希望获得某种体验而自发达到的专注状态。同样，负向激励是我们因为要

避免某种惩罚而进行的努力。而消极专注指的就是我们因为要逃避某种体验而达到的专注状态。或者我们再进一步说，积极专注就是因为喜欢和渴望达到的专注，消极专注就是因为厌恶和逃避而达到的专注。

我们在前面所讨论的基本上都是积极专注，我们说要做自己喜欢或者是擅长的事情。或者是努力发现原本无感的事情的价值和有趣的一面，然后把它们变成喜欢的事情，这说的都是积极专注。它们的难度在于寻找或者是改造，让这些事情归于自己积极专注的范畴之内。一旦事情本身在积极专注的范围内，做到专注真的不是什么困难的事情。比如游戏，喜欢玩游戏的人他们的专注度可以达到让人难以理解的程度。阅读和观看影视剧，包括其他一些我们很感兴趣的事情，专注程度足可以让我们对周边发生的事情不闻不问。当然，并不是所有的积极专注都是那么容易的，不过只要方法得当做到这一点也不是很难。那么，消极专注呢？这事儿真的靠谱吗？从直观上判断，消极专注可能没积极专注那么容易，因为我们不喜欢甚至是有些讨厌，自然就会产生来自本能的抗拒。但是这并不意味着这事儿就做不到，事实上我们的经历中也从来都不缺这样的例子。我们经常说的一句话：潜能都是被逼出来的。逼出潜能，这本质上都是消极专注的有效运用。不想去做是吗？害怕失败不敢去做是吗？逼自己一把，你会发现自己竟然会优秀得超出自己的想象。所以，关于专注我们还要记住一句话：在积极专注的领域内做到专注，那是本能；在消极专注的范围内做到专注，那才叫本事。也正是因为这样，能不能做好消极专注就成了高手跟大多数人的区别所在。所以，这一节我们的主要任务就是分享让我们成为专注高手的秘密：如何做好消极专注。

要想做好消极专注这件事儿，其实核心要素就是要学会给自己设立最后期限。我们要分享的这几个技巧也都是围绕怎么巧妙设置最后期限来展开的。利用最后期限的设置来激发消极专注，我们需要做好下面几点：

最后期限的设置需要分寸感

哪些事情是我们可以用消极专注做好的？这是我们在运用消极专注的时候首先要想明白的一个问题。我们要认清一点，最后期限并不能帮我们做好所有不想做，或者是不敢做的事情。虽然我们说过最后期限有时候会很有效地激发出潜能，但是我们的潜能也不是无限的。如果连续为自己设置几个根本就不可能实现的最后期限，那结果是非常可怕的。连续几次失败会对自信心造成毁灭性的打击，这可不是我们设置最后期限的初衷。这需要我们对自己的能力有一个大致的判断，特别是对那些因为担心失败而不敢去做的事情，一定要慎重。相比较而言，那些不感兴趣的事情我们倒是可以放心去做了。这个尺度怎么把握，就像我们在介绍注意力曲线时所说的那样，这个最后的期限必须是拼一把才能实现的。对，首先得需要拼一把，然后是拼一把之后能够达成。不要太过于心疼自己，要对自己狠一点。如果你在设置这个最后期限的时候就想着要做得从容一点，那这个从容的时间多半会被你的分心消耗掉，真正专注的还是临近最后期限的那部分时间，这是个可能性非常高的大概率时间。

别那么容易原谅自己

从本能上来说，在失败面前我们都更加倾向于原谅自己。我们会本能地甩锅，把失败的原因归咎于别人，觉得自己情有可原。如果这种本能行为得不到遏制的话，那设置最后期限也就没有任何意义了。反正只要我们想，就总能够找出一大堆的理由为自己开脱。所以，一定要达成自我协议，这事儿做不到就应该自己负责。而且还要把负责落到实处，要有代价。没有代价，这个自我协议同样也不会有任何作用，不痛不痒没干劲也没有压力。这个代价一定要提前明确，不能等秋后算账或者是说一些听起来挺狠的套话。这个代价第一是要提前明确，第二是要真正不想做的，第三一定要具体。我决不允许这样的事情发生，这样的话不行，一定要明确万一发生了怎么办。

如果失败了我罚自己做一百个俯卧撑，这个是比较明确的。但是有个前提，那就是这一百个俯卧撑会让你非常痛苦，你绝对不愿意去面对。如果你本身就喜欢运动，那这一百个俯卧撑就没有什么意义了。

邀请更多的人进行监督

为了让最后期限真正能够发挥作用，我们会邀请更多的人对我们的承诺进行监督，这是个很不错的想法。这样能够成功避免因为不忍心对自己实行惩罚而让失败滑过去的可能性，如果没有这些外在的压力，我们同样很有可能对自己妥协。怎么邀请更多的人进行监督呢？方法比较多，比如现在流行的"打卡"。下班之前汇报工作成绩，日事日清这是一种打卡。比如每天定时更新内容，这也是一种打卡。当我们进行打卡时所有能看得到的人都是监督者，最后期限也会变得更有威慑力。还有一种大家常用的方式叫作结盟，结盟的人相互充当监督者的角色。这种联盟式的互相监督是有代价的，联盟一旦形成每个人都会缴一定的费用，这个费用换来的就是一次失败的机会，如果你在联盟当中有一次没有在最后期限之前完成任务，你的费用就会自动充公，你需要再次续费才能继续下一个任务。大家会定期让那些没有失败过的人平分掉积存下来的资金。

保持专注，我们坚持积极专注和消极专注两手抓，而且两手都要硬。做好消极专注，重要的就是要发挥好最后期限的作用。我们分享了巧妙设置最后期限的三个步骤，这其实也是个层层加码的过程。小事情或者是周期较短的事情，我们完全可以通过自我协议来设置这个最后期限。大事情或者是周期较长的事情，则需要邀请更多人来进行监督。如此，我们不难成为一个保持注意力的高手，我们的时间也会变得更值钱。

第七章

精力管理，让最好的时间遇上最好的自己

不在状态到底是怎么回事儿

让我们回想一下发誓要让自己的人生更值钱的那些人吧，试着去还原一下他们的状态。如果我们自己就是这样的人，那就更好了。那就可以利用我们之前分享过的那个角色互换的方法，假装自己是另外一个陌生人，站在一个客观的角度来描绘一下自己的状态。在这个过程当中我们需要特别留意，看看下面的这些特点我们到底中了几条：

每天早上起床对我来说简直就像是经历了一场生死考验，想要让自己从被窝里起来真的需要很大的勇气。

每当看到那些说咖啡喝太多会对健康有害的文章时，我的心情都会变得很复杂。我很想让自己少喝一点，甚至是不喝。因为我不是很喜欢那个味道，或者是喜欢那个调调才喝的。我需要靠它来提神，需要很多。

他们总是说，一定要经常进行锻炼。我觉得他们是站着说话不腰疼，如果真的有那个时间我更想用来好好地睡一觉。

家人总是抱怨我的情绪化，说我对孩子不够耐心，对家人不能好好说话。可是他们不知道我有多累。一天的工作下来，让我觉得哪怕是多说一句话都是对我精力的极大挑战。

老板和上司动不动就批评我工作不够细心，不够有创造力。其实我也很恼火。我觉得自己完全可以做得更好，状态好的时候这没什么难的。但问题是，很多时候我根本就不在状态。

类似这样的情况有很多，处于这种状态下的人同样有很多，如果说他们这种状态有什么问题的话，那最大的问题就是不在状态。不在状态就没办法好好工作，也没办法好好生活，甚至都没办法好好说话。不在状态是一种什么样的体验？上面我们所说的各种情况都是不在状态的具体体现，我们把这种不在状态的情况的体验做一个总结，那就是：疲倦。疲倦又是一种什么样的体验呢？是累吗？因为我们经常会听到有些人说，生活太累了，工作太累了。它们确实有相似的地方，但是我们说的疲倦跟我们经常说的累并不完全一样。

累是一种更加偏重生理状态的体验，更加倾向于疲劳，是生理上的超负荷。而疲倦则是生理和精神的双重超负荷，是身体上的疲劳再加上精神上的厌倦。累是一种比较中性的表述，如果只是感觉到累那就是说他身体上超负荷了，但是精神上没有什么负担。这样的人他的时间价值往往是比较高的。而疲倦则明显带有消极的倾向，为什么会有疲劳还要加上厌倦的体验？很大原因出自对产出和结果的不满意，这样的人的时间价值往往是明显偏低的。这就是经常不在状态对我们造成的伤害，这是一个越来越糟糕的循环。因为不在状态而使时间价值变低，因为时间价值低而产生疲倦的体验，而这种糟糕体验又会产生反作用让我们变得更加不在状态。

那么是什么让我们经常不在状态呢？我们所能想到的最直接的理由就是工作太多了，时间太少了，太多需要处理的事情让我们经常处于超负荷的输出状态。所以，很多人想要重新找回状态的时候他们会怎么做？给自己放个假，让自己缓一缓。或者跟领导反映工作太多了，希望能够少安排一些工作给自己。或者是不管不顾地放下手中的一切事务，等待自己的满血复活。如果这也是你的答案的话，那我们就有必要再看看另外一些人了。看什么人？就是那些让我们羡慕嫉妒恨的人。当我们觉得因为工作太多、时间太少、生活太烦琐而经常不在状态的时候，总有一些人，他们的工作并不比我们少，时间也并不比我们多，但是他们完成得却比我们出色得多，最气人的是他们还是一副有条不紊的模样。我们累死累活都做不好的事情，他们却总是给人一种毫不费力的感觉。这样的人是值得我们关注的，同样的工作甚至比我们还要多的工作，他们完成得比我们好，状态还那么好。这当中肯定有些我们所不知道的事情存在。

那么，我们只需要关注他们就能得到答案吗？这里有一个不小的误区，只有当我们避开的时候才有可能找到正确答案。这个误区就是时间管理，很多人在跟这些让我们羡慕嫉妒恨的人做比较的时候，都会得出一个结论：他们的时间管理做得好。因为这些都是我们最容易看到的明面上的现象，同样的时间、区别不是很大的能力，但是结果却有这么大的差距。我们本能地会认为肯定是他们时间安排得比我们好，他们的时间浪费得少，再加上他们做事总是一副有条不紊的样子，就更加印证了这个判断。但是事情并非如此，很多抱有这种想法的人因为要向他们学习时间管理的方法而让自己的状态变得更加糟糕。这就是我们需要看清楚的一个事实，很多想要让时间变得更值钱，结果却发现自己总是不在状态的人。他们往往是在很早之前就开始注意时间管理了，甚至很多人总是不在状态的原因跟时间管理有着很大的关系。我们不能幻想着用造成问题的原因来解决问题本身，这样只能让事情变得更糟。所以，要找到更深层次的原因，我们就不得不避开这个误区。这并不是说，那些优秀的人没有进行有效的时间管理，而是这样的事情我们也已经在做了。它并不是问题的真正原因，真正的原因隐藏得还要更深一些。

现在我们来说一说这个问题的真正原因，这也是我们这一章所要讨论的核心问题，它就是精力管理。同样是进行了时间管理，我们的时间管理做得还不错，我们的时间规划得很好，事情也安排得很有条理。但是我们的时间价值却低得可怜，那没有别的原因，就是我们没有在预定的时间内把事情做到自己预期的那么好。因为我们总是不在状态，为什么会不在状态？我们总是感觉很疲倦。我们想要把事情做好，我们安排好了一切，但是我们的精力却总是跟不上。这就像是我们要开车出门，这个车拥有最好的越野性能，可以应付一切路况，拥有最好的导航系统，不用担心会走冤枉路。我们为此规划好了一切，但是供油系统却出了问题。那所有的规划和性能都将会失去它们的价值。

　　要提升自己的时间价值，就永远不要忘记所有的规划和安排，不仅需要消耗时间还需要消耗我们的精力。所以，不管是在态度上还是在具体方法上，我们都必须像对待时间那样来对待我们的精力。我们需要跟时间和解，更需要跟精力和谐相处。做不做精力管理，或者是精力管理得好不好，结果到底能够有多大的差距？我们用演讲的例子来做比较。同样是演讲，一个系统学过发声、换气、知道怎么打开共鸣腔的人和一个完全靠吼的人，他们的区别能有多大？前一种人可以很轻松地发出洪亮的声音，可以一天讲七八个小时甚至更久，而且可以连续讲很多场、讲很多天，却不会因此而伤害到自己。很多专业的讲师都拥有这样的能力，这得益于他们系统的发声训练。但是一个对此一无所知的新手呢？一两个小时下来声音就会明显沙哑，一天下来嗓子会觉得非常难受。如果是一个星期的演讲就这样硬扛下来，则会有暂时失声的危险。懂不懂精力管理的结果差异也是如此，毫无章法地硬扛不仅会让自己的时间变得越来越不值钱，还会极大地伤害自己的身体。现在我们知道了，精力管理是在时间之外我们必须要做好的事情，不然我们再怎么跟时间和解都是徒劳。

寻找专属"效率高峰期"

精力管理有多重要？为什么会那么重要？我们已经说得很明白了。很明显嘛，一个整天精神不济、经常不在状态的人，他再怎么跟时间和解也不可能让时间变得更有价值。那么既然知道了精力管理的重要性，接下来是不是应该马上进行管理实践了呢？切不可操之过急，在进行全面的精力管理之前，我们需要准备把握自己的精力波动情况。这一点做不好，后面的事情做好了也没用。为什么一定要这么做？我们需要把精力管理的主要内容做一个简单的介绍。从具体内容上来看，我们的精力管理主要可以分为两个方向：一个方向是现有的精力怎么用的问题；而另一个方向就是精力怎么养的问题。我们先说第一个主要的方向，就是精力怎么用的问题。这个问题可以告诉我们为什么一定要准确把握自己的精力波动情况。

其实这个精力怎么用的问题，是一个假问题。如果我们只盯着这个问题本身是没办法做好这件事儿的。很简单的逻辑，我们要利用好自己的精力就得把最重要的事情安排在精力最旺盛的时间段。就算是没有经过系统的学习和训练，这个道理我们也是知道的。在这个过程当中最大的问题就是你怎么判断自己哪个时间段的精力最旺盛。这个你不能看感觉，也不能靠想象。什么时间做什么事情是需要提前安排的，我们无法等自己感觉还好的时候再去选择重要的事情去做。我们也不能按照自己的想象，我应该是什么时间段精力比较好，这也是不科学的。我们需要有一套科学的方法来确定未来的时段内自己的精力波动情况。所以，怎么合理利用自己的精力不过是个浮在表面的假问题，真正的问题是我们应该怎么准确把握自己的精力变化情况。精准掌握了精力变化的规律之后，怎么合理利用自己的精力就不再是一个多么困难的事情了。

那么，精准把握自我精力变化情况有没有什么靠谱儿的方法呢？答案自然是肯定的，这也是我们这一节的重要内容。但是在分享这个方法之前，还有一个问题我们得把它解决掉。很多人以为这个问题有现成的答案，我们根本就没有必要再浪费更多的时间来做这个事情。比如他们会用一般性的身体节律来证明自己的观点，他们通常会这么认为：

每天早上的六点到八点，这是大多数人的起床时间。由于经过了一夜的充分休息，肝脏已经把体内的毒素排除干净，这时候已经开始苏醒的我们会进入一个兴奋状态。我们会感觉神清气爽，头脑也比较清醒。

而从上午的八点到十一点，我们的身体会慢慢地从苏醒状态进入兴奋状态，精神上也是如此。这段时间通常是我们精力的第一个高峰期。在这个高峰期内，我们的精力值会处于上升状态。

经过了一个上午的上升期，我们的精力值在经过十一点左右的高峰值之后开始进入下行状态。这也跟我们一上午的精力输出有关，再加上我们午餐进食的缘故，因为我们的肠胃需要更多的血液来促进消化。这会造成脑部供血量的减少，我们的头脑就会变得不那么灵光了。从中午十一点半一直到下午两点这段时间是我们精力的第一个精力值的波谷期。所以，在午餐后的这段时间，如果有条件的话可以安排短暂的午休，这是为了尽快恢复精力。

然后到了下午三点以后我们的精力又会得到明显的恢复，我们又开始变得有精神了。等到了下午五点我们的精力值又会迎来第二个高峰期。就又有能力应付一些耗费心神的复杂工作了，这个状态会一直持续到下午六点之后。

经过一下午的精力输出，到了晚上七点精力值又会变得不足。这会持续到晚上八点之后，我们需要休息。紧接着还会迎来一天当中的最后一个精力值高峰期，晚上九点我们的精力又会变得旺盛，这是学习和充电的好时段。一直到晚上十点，精力值再次变低，我们需要休息了。所以，晚上十点入睡在很多人看来都是个很好的选择。

这种说法靠得住吗？完全靠得住，这个精力波动的规律是经过很多专家论证过的，当然也被实践一再验证。事实上我们所见到的绝大多数公司的工作时间安排都是在遵循着这个精力波动的规律。这一点毋庸置疑。那么，这不就是我们掌握精力波动情况最好的答案吗？我们只要遵从这个规律就行了，还有什么必要去学习别的方法呢？我们有现成的答案呀。这里我们要说的是，虽然我们有这个正确的现成的答案，但是如果我们想要把这事儿做得比大多数人都要好，就很有必要掌握另外一种精准掌控自己精力波动规律的方法。我们为什么非要这么做呢？这个答案当中蕴含着一个非常重要的真相，它不光是在精力管理上，在其他任何问题上都非常重要。这就是我们通过其他渠道获得的答案通常都是一种标准答案，它适合很多人，但并不是所有人。很多时候，它只是适合一部分人而已。这就像是均码的衣服一样，如果一款衣服没有很强的弹性，很多选择均码的人都会后悔。所以，我们通过其他渠道得来的答案通常都是标准答案，但是我们却不能指望用标准答案来直接解决我们的问题。因为很多时候我们的状态都是不标准的，我们每个人都是独一无二的，我们的问题也是。要想解决自己的问题，就要拥有自己的方法和答案。这一点适用于所有的问题，这是我们应该记住的。况且，关于精力波动规律和身体节律，相关专家也做过这样的提醒。他们说这只是一般规律，具体到每个人情况可能会各有不同。

　　现在我们就说到了问题最关键的地方，这个能够帮助我们精准把握自己精力波动规律而不至于让我们依赖一般性答案的方法会不会很难呢？其实方法一点都不难，如果说真有什么困难的话，那就是我们是不是有足够的决心来做这件事儿。这个方法就是绘制一个只属于自己的精力波动图表，具体做起来也非常简单。我们首先需要绘制一些坐标图，横轴上标记的是时间，纵轴上标记的是精力值。时间轴上我们分作24个单位，一个单位代表一个小时，一个坐标图的时间跨度是一昼夜二十四小时。纵轴我们可以采用十分制或者百分制，也可以采用十二分制。如果是十分制和百分制我们需要把纵轴分作十个单位，每个单位分别代表了一分或者是十分。如果是采用十二分制的话，我们就需要把纵轴分作十二个单位，每个单位代表一分的精力值。然后我们就需要观察并记录我们在清醒状态下的精力状况，每隔一个小时或者是半个小时就在这个坐标中标出相应的点。当然，从理论上来说记录得越细结果就越准确，但是同时可操作性也就越低。我们需要在准确性和可行性之间做出平衡，一个小时或者是半个小时是个不错的选择。时间间隔小于半个小时的话，操作起来就太难了。

　　这样的坐标图最好准备三十张，或者没有重大节假日一个月的工作日数量。因为如果有长假或者是小长假，我们的精力波动就会出现一定的异常。一个月的观察和记录期结束以后，我们再根据这些坐标图中所标示的精力波动的情况，再绘制一张一个月的精力波动情况图。通过这张图表，我们就能够准确了解自己在一天当中的精力波动情况了。那么接下来的事情就是根据这个精力波动规律来做出更加适合自己的工作日程安排了。原则我们已经说过了，那些重要且耗费心神的工作放在精力值较高的时间段来完成，一些不那么重要或者是机械重复、烦琐且简单，不需要耗费太多心神的工作放在精力值不是很高的时间段来完成。这样一来，我们的精力利用效率就会比大多数人要好很多。精力管理当中的第一个重要问题我们就已经妥善解决了。接下来我们会继续讨论怎么养护精力的问题。

别跟睡眠时间过不去

如果让你用一个词来形容一个人的勤奋和努力，你会怎么说？相信很多人在看到这个问题之后会本能地想到一个词："废寝忘食。"没错，还有比顾不上吃饭，不舍得睡觉更加努力的吗？可是很多人都会觉得这样的人只是极少数，真正做到这一步的人并不多。真要是这么想的话，那有一句特别火的话相信很多人都听过："你见过凌晨四点的洛杉矶吗？"这句话到底激励了多少人？我们恐怕很难给出一个具体的数字。但是这句话却实实在在地成了很多人努力的标签。如果觉得这事儿还不够普遍的话，那我们不妨再回想一下我们的朋友圈，尤其是那些看起来很努力的奋斗者，他们当中有多少人经常晒自己深夜埋头苦干的，有多少人晒午夜寂静的街景的，又有多少人晒凌晨鱼肚白的。这说明了什么？这说明，很多想要让自己的人生变得更贵的人，他们已经把压缩自己的睡眠时间当成了一条通往梦想的必经之路。而且，这样的做法已经得到了大众的认可，会给他们以强烈的正向反馈。这个看看有多少人为他们晒的内容点赞就知道了。这会让他们有一种错觉，就算是这种努力没有起到多少实际的作用，但是他们得到了周围人的认可，这会激励他们在这条路上越走越远。

所以，现在还有一个现象我们必须要注意。就是那些晒晚睡早起的人，力度好像是越来越大了。一开始是晒八点下班，因为下班比别人晚。后来晒十点下班，再后来可能就是物业的办公楼和自己加班的消夜，一直到最后有人经常性地晒通宵。早起也是，从早上六点起开始，到五点半，再到五点，一直到现在流行的凌晨四点半。现在早起已经不是某个人的事情了，还有各种早起社群，早起协会，甚至有早起导师。睡眠时间在他们的眼里根本就是没有最短只有更短，还记得某位顶流艺人关于睡觉时间的那个梗吗？这个十天没睡觉的梗后来在吐槽大会上也被作为一个槽点，让人忍俊不禁。为什么要这么做？就是非常非常努力的人设。

现在我们开始问一个问题，就是这些晒晚睡早起的人最后都怎么样了？答案就是，除了那些自由工作者之外，经常晒晚睡早起的职场族最后的结果很多都不好。有些已经被上司边缘化，有些甚至已经被老板宣布出局。这是为什么呢？因为这些经常晒晚睡早起的人大概率是不太可能晒成绩的。原因也很简单，用精力管理的逻辑来看这样拼命压缩睡眠时间的人是不太可能出成绩的。睡眠是我们恢复精力最主要的途径，偶尔一次睡眠不足，适当调整一下基本上不会有太大的影响。但是这种经常性的睡眠不足，必然会导致精力不足，那随之而来的就是经常不在状态。我们可以想象一下，一个经常睡眠不足的精神恍惚、经常性不在状态的人，他又能倚仗什么做出好的成绩来呢？

那么，接下来我们又应该怎么说呢？说千万不要再做这种傻事了？还是说你尽管去假装努力，结果不会陪你作秀？或者是说这么做就相当于在自杀，再这样下去你就完了。不，尽管这样的表达很能抓人的眼球，但是现在不是说这些事情的时候。当我们把前面的逻辑理顺了之后，所有人都会知道到底是不是应该继续下去。我们不必再用这些带有恐吓嫌疑的表达来警醒谁，我们需要给出的是一些建设性的意见。而建设性意见的表达通常应该是这样的：

我们应该这样做……

我们可以尝试做出类似这般的改变……

让我们一起来把情况变得更好一些……

这样的表述才是大家希望听到的，按照这样的逻辑所分享的一些方法才是我们真正需要的。这是我们面对问题的时候应该有的一种觉悟。记住，不管我们面对的问题有多么严重，情况有多么糟糕，最好都别用责备或者是训诫的语气说："你怎么能够这么做呢？""千万不能再这么做了。"而鼓励他们一起来做一些事情把问题解决掉或者是让事情变得更好才是我们应该做的。所以，面对问题时，我们应该具有建设性思维。这同样适用于其他任何事情。

现在我们就来分享一些方法，以保证我们在紧张忙碌的生活中能够获得足够的睡眠，而且是高质量的睡眠。这些方法既有认知上的颠覆也有具体的操作技巧，但都是我们所需要的：

总是想象自己是一匹骆驼怎么办？

这个说法可能会让很多人觉得意外，他们可能会认为我从来没有想象过自己是一匹骆驼，甚至觉得如果不是刻意提醒的话自己根本就不会想到骆驼。这一点都没错，如果不是被外界的信息提醒，很少有人会无缘无故地想到骆驼。但是实际上，我们却经常让自己像骆驼那样去做事儿。比如，因为担心外出的路上用餐不便而有意把自己撑得弯不下腰；接下来可能有一段时间会比较忙，而让自己疯玩，累到接近虚脱。在睡觉这件事儿上，经历了筋疲力尽的高强度工作之后就开始拼命补觉。睡眠超过十个小时，甚至更久。明明已经睡醒了还是不肯起床，刷一会儿手机之后强迫自己再次入睡。一直到把自己睡到噩梦连连、头疼恶心、四肢瘫软，还告诉自己说，这都是因为前一段时间太累的缘故。

当我们做这些事情的时候，是不是已经把自己当成骆驼了？虽然可能没有想过自己真的就是一匹骆驼。但是我们却幻想着我们有一个神奇的驼峰，它能储存一切，睡得越多储存的能量也就越多，幻想着连着睡几个饱觉之后，就可以连着熬几个通宵了。好吧，想象自己是一匹骆驼只不过是一个比较形象的说法，其实我们要说的是没有科学根据的补偿心理。没有任何研究证明，我们连着睡几个饱觉或者把自己睡"撑"之后就有足够的精力去熬几个通宵。这是不对的。

不要总是想象自己是一匹骆驼，我们需要做到两点。首先不要让自己进行恶补或者是过充式的睡眠，这不科学。其次，要睡自己的觉而不是睡别人的觉。我们还能睡别人的觉吗？这听起来也蛮奇怪的是吗？但是有很多人，他们一直都是在睡别人的觉，或者更直接一点说，是按照别人的必要睡眠时间来睡觉。其实，这都是受了那些标准答案的影响。很多人，一说到充足的睡眠就跟自己说我一定要睡够八个小时。这八个小时就是一个标准答案，并不适合所有人，如果人人都按照八个小时的标准睡觉，总有一些人是睡不够的，而另外一些人却已经睡得太多了。所以，好好睡觉，我们就必须要睡自己的觉，不要被别人的标准牵着走。自己的标准是什么？睡醒之后感觉头脑清醒，没有太深的疲劳感就行了。

睡眠是需要前奏的

首先我们得承认，总有一些人进入睡眠状态的速度很快，就是我们经常说的那种"沾枕头就着"的人，他们就像有一个睡眠开关一样，按下开关马上就切换成睡眠状态。但是这么幸运的人并不是很多，对于大多数人来说，我们得记住入睡是一个缓慢的过程，它需要一些前奏。能不能顺利地进入睡眠，在很大程度上取决于我们躺下之前所做的事情。我们得为此做一些准备工作，我们得做对一些事情，让自己在躺下之前的精神处于相对舒缓的状态。为此，睡前刷一把游戏，看一部恐怖电影或者是想一些让自己兴奋或者是闹心的事情都是不可取的。比较可取的是，倚靠在沙发里敷一下面膜，听一会儿舒缓的音乐，或者是喝一杯牛奶。这可以让我们的精神提前处于舒缓的状态，为进入睡眠做准备。

噪声其实比音乐效果好一些

尽管我们在躺下之前就开始为睡眠做准备了，但还是免不了躺下后依然有睡不着的事情发生。怎么办？有个流传很久也很广的方法是数羊，但是根据使用者的反馈来看，效果并没有想象当中那么理想。很多时候我们为了弄清楚到底数了多少只羊，就会下意识地强迫自己清醒。所以，羊数得越多人就越精神的状况频频发生。还有一个方法是听听音乐，但是我们要知道音乐是情感的表达，先不要说歌曲，很多人会把歌曲认为是音乐。听一首歌可能会勾起我们尘封的往事，或者是想起某个人。这对睡眠可是非常不利的。就算是很多人认可的轻音乐也是如此，那些律动的旋律背后都是情感的流动。听着听着就莫名伤感的事情也不少见。要是什么都不听呢？有些人是可以的，只要安静就能入睡快一些。但是有些人却不行，越是夜深人静就越是浮想联翩，思维越活跃就越不容易睡着。对于这些人来说，他需要一些声音来帮助入睡，这种情况下用噪声来替代音乐是个不错的选择。当然我们所说的噪声不是高声尖叫，不是铁锹摩擦水泥地这类刺耳的声音，而是能够入耳，但是没有任何意义的声音。比如微风吹过山林的声音，树林深处的鸟鸣，潮水的声音，窗外的雨声，或者火车行进的声音。相比较音乐而言，这些单调且没有任何意义的声音对我们的帮助会更加明显。伴着雨声好入眠，这样的体会相信很多人都经历过。没错，它们确实能让我们睡得更好。

虽然我们不能要求每天晚上都下雨，但是现在手机App里面有的是这样帮助我们睡眠的声音，而且还特别丰富。只要我们想，就总能找到可以帮自己的那一种。

保持好精力，记得好好吃饭

在前面一节当中，我们解决了"废寝忘食"的"废寝"，就像我们在字面上看到的那样，问题只解决了一半。"废寝忘食"听起来像是一个对精力管理非常不利的行为，但是其实它反映的是两个独立的问题。一个是不好好睡觉，另一个是不好好吃饭。不好好吃饭的问题给我们的精力带来的伤害一点都不比不好好睡觉小，而且不好好吃饭的人可能比不好好睡觉的人还要多一些。因为不好好睡觉的人，很多是因为要尽可能把压缩出来的时间用来多做一些工作。但是对不好好吃饭的人来说，这只是原因之一。还有一个特别重要的问题就是，他们要控制自己的体重，尤其是那些对自己的身材非常在意的人，他们当中的很多人都觉得少吃饭甚至不吃饭是控制体重的重要法宝。所以，从实际情况来看，不好好吃饭的问题比不好好睡觉的问题还要突出一些。

好好睡觉的问题我们已经讨论过了，这一节我们要讨论的问题就是怎么好好吃饭。我们现在就来看看要解决不好好吃饭的问题，我们需要从哪几个方面入手，这就需要我们先把这个问题做一下细化和分解。不好好吃饭听起来好像是一个问题，其实它是由一组问题组成的大问题，或者叫作问题组。我们来拆分一下：

不按时吃饭算不算不好好吃饭？当然算。

尽可能吃饱算不算不好好吃饭？那可不一定。

所以，就像我们看到的，要解决不好好吃饭的问题。我们必须同时解决好上面这些小问题。这也是我们解决不好好吃饭问题的几个方向。我们一个一个来解决：

没时间吃饭都是因为忙吗？

如果你问那些经常性不按时吃饭的人，为什么不按时吃饭？最常见的一种答案是"忙"。忙得没时间，顾不上吃饭。他们会告诉你，经常是忙完了手头的事情之后才发现自己竟然还没有吃饭。或者是到了晚上下班的时候跟身边的人说，这一天可把我忙坏了，我都一整天没吃饭了，连口水都没顾得上喝。先不说到底是不是真的忙到了那种程度，只要我们稍加留意就不难发现，他们在说这些话的时候脸上多半是一种满足甚至是自得的表情。他们根本就没觉得不吃饭是一件不对的事情，相反他们觉得这事儿很值得骄傲。当他们说自己忙了一天都没顾得上吃饭的时候，他们的潜台词分明是在说：

"我很努力，这种努力的精神值得骄傲，这种行为值得你们赞扬和学习。

"我很能干，我只要不去吃饭就能腾出更多的时间来做事情。吃饭什么的简直就是一种浪费。

"我很重要，什么事情他们都得让我来帮忙处理。离开我，他们很多问题都无法解决。"

所以，看明白了吧？问题的根源根本就不是有没有时间吃饭，多半也不是因为忙。而是在于他们对于吃饭和不吃饭的认知，他们的认知出问题了。他们觉得按时吃饭是闲人和无关紧要的人才做的事儿，没时间吃饭是有能力的人或者是重要人物才能享受的一种特殊待遇。在他们的认知当中把没时间吃饭和能力甚至是地位之间画上了等号，这样的情况下就算是实际上并没有多忙也别指望他们能够按时吃饭。他们对于自己认同感和存在感的需求超过了对于按时吃饭的需求。

那么对于这种总是喊着忙得没时间吃饭的人怎么从认知上进行矫正

呢？首先，从健康的角度多半是行不通的，如果跟他们说你这样经常不按时吃饭可是非常伤身体的，这不管用。因为过多追求认同感和存在感的人，很有可能把这事儿对健康带来的伤害看成自己的付出和奉献。于是对他们来说，如果是因为工作对健康造成影响的话，他们很乐意这么做。因为这也是一种值得被肯定的行为，无私奉献嘛。

正确的方向是重塑结果思维。对于公司而言，一定要摒弃没有功劳有苦劳的氛围。多肯定结果，多否定无谓的苦劳。对于个人而言，想明白吃饭的这点时间你取得了什么成效，而不是做了什么事情。想明白因为精力不济对结果造成了什么样的损失，这些坏的结果会对自己的形象造成什么样的影响。把忙作为借口而不吃饭，潜意识当中是希望获得认同感，自己的认同和周边人的认同。但是一旦意识到这样做其实正好相反的时候，自然也就找到了吃饭的理由，而且是必须吃饭的理由。所以，解决问题的关键是破除不吃饭和认同感之间的等同假象，给自己一个必须好好吃饭的理由。这个理由是好好吃饭的驱动力之源。只要想，我们就总能腾出吃饭的时间。

好好吃饭不等于吃饱了算

我们这一节的主要内容就是怎么好好吃饭，可是怎么才算是好好吃饭呢？如果凭直觉判断的话，很多人都会觉得按时吃饭，吃得饱饱的不就是好好吃饭了吗？一直以来我们都是这么做的呀，我们一直都在说吃饱喝足了才有精力干活，难道这也有什么不妥的地方吗？从饮食对我们精力的影响上来看，事情还真的就没那么简单。记得我们前面在提到精力波动规律的时候说过，午餐后的这段时间我们的精力会处于一个低谷期。这中间很重要的一个因素就是饭后需要大量的血液辅助消化，从而导致大脑供血量的短暂减少。所以说，好好吃饭真的还是一个技术活，我们现在就来说说这里面的讲究。

三餐当中最容易缺席的就是早餐，有的人是因为时间太匆忙来不及吃，还有的人是因为刚起床没有食欲。但是经过一夜的睡眠，我们的身体也急需补充营养。如果空腹就开始工作，不仅身体健康会受影响，而且上午的工作所需要的精力也很难保证。所以吃早餐的要素第一是简单，如果时间来得及，就熬一碗粥；如果时间紧张冲一包燕麦片也是个不错的选择；如果这也来不及的话，那就一包热牛奶或者是一杯酸奶，然后再加一个水果，一个苹果或者是一根香蕉都很不错。这样一来节省时间，二来容易消化还不会增加肠胃的负担，再有就是这些食物能够提高我们的血糖浓度，对我们精力的养护会有很大的帮助。切忌进食过于油腻的食物。

那么午餐又该怎么吃呢？经过一上午的消耗，下午还有大量的工作等着处理，这承上启下的午餐一定要吃好。所以午餐我们大可以多吃一些高蛋白的肉类、鸡蛋和豆腐，可以尽量丰盛一些。但是有一个要求，就是一定要尽量多吃菜，少吃饭。少吃主食是为了避免过多地摄入糖分和淀粉，这些都容易让我们犯困，打不起精神来。特别是没有午休条件的，一定要注意主食的分量。

跟午餐比起来，晚餐的吃法刚好相反。晚餐要尽量减少肉类的摄入量，同时增加主食的摄入量。要多吃一些面食或者是米饭，这些食物能够有效舒缓大脑细胞，让我们劳累一天的精神得以放松。多摄入主食还能有助眠的功效，同时也可以满足我们身体对于糖分的需求。

现在我们明白了，好好吃饭绝对不是吃饱这么简单。首先要三餐一餐不缺，同时还要做到每一餐有每一餐的吃法，一切以随时保持旺盛的精力为最高目标。既要做到保证为精力提供充足的营养支持，还要避免出现饭后犯困的情况。这样才能保证用饮食养精力，让好好吃饭变成好好干活的有力保障。

运动，精力的加法还是减法

　　还是从一个问题开始，人什么情况下精力消耗最为严重？复杂的工作和高强度的运动，这两种情况下我们的精力消耗得都非常快。在这样的情况下，用不了多长时间精力就会被消耗完了。那么又有一个新的问题出现了，运动对于我们的精力来说到底是加法还是减法？为什么这么问呢？因为在精力养护这件事儿上一直有一种说法，那就是运动能够让我们保持旺盛的精力，不仅是保持还能使我们的精力值处于稳定上升的状态。运动和不运动的人，他们之间的精力状况有着非常大的区别。

　　有一位85后女性创业者，现在自己拥有七家不同业务的子公司，还是颇有名气的创业导师、畅销书作家。她身上的标签便是高效和精力管理。现实当中她也确实是一位管理的高手，她超高的时间价值跟她的精力管理有着很大的关系。由于多栖化发展路线，导致她需要处理的事情非常繁杂，她的日程安排也非常紧密。一样的午餐时间，她却可以在吃好的同时录制好一节音频课程，或者是跟几个事业伙伴做短暂的交流。但是让很多人感到不解的是，在这样强度的工作下她却总是一副神采奕奕的样子。由于她的学员遍及全国各地，他们当中既有刚刚起步的创业者也有很多在职场上奋斗的年轻人，他们需要请假从外地赶来听课。为了最大限度地压缩他们听课的时间，有时会把三天的课程内容在一天内讲完。于是她的课程经常是从上午八点多开始，一直持续到第二天凌晨的一两点钟。这十几个小时的时间里，除了午餐和晚餐各半个小时她能够稍事休息之外，其他时间她一直都站着讲课。而且还是踩着六七厘米的细高跟。因为她是"又忙又美"的提倡者和践行者，她坚决认为站着讲课是对他人的必要尊重，也坚决认为高跟鞋是能够让女人腰身更加挺拔的必要装备。在她的课堂上，经常是下面的学员在椅子上都坐累了而踩着高跟鞋讲课的她却不见疲态。其他的粉丝都管她叫"萌姐"，但是那些上过线下课的人对她会有另外一个称呼，叫她"钢铁萌"。她这上课时间长度和讲课时的状态也确实当得起"钢铁萌"这个称呼，但这还不是最神奇的，更神奇的是这样的课程之后她还不需要恢复期，第二天的日程依然安排得很满。

这就让很多人感到不解了，一个高高瘦瘦的姑娘，哪里来的这么旺盛的精力。但是读过她的那本《精力管理手册》的人大抵能从中看出些端倪。她的精力管理秘籍，多是通过跟时间的和解得来的，她是一个精力管理的高手，同时也是个懂得跟时间和解的人。她的工作日程安排得很满，但是有三段时间是绝对不能动的。吃饭的时间、睡觉的时间和练拳的时间。她对好好吃饭的理解就是不仅要按时吃还要吃得科学，一切为了精力。不仅不会因为工作的缘故耽误吃饭，还根据自己的体质请专业的营养师做了营养配餐。她是坚持了十几年的早起者，跟她一起早起的粉丝有二十多万，能够长期坚持的原因就是她对自己的睡眠时间有着准确的把控。除了偶尔课程需要晚睡之外，十点半之后是不会有人联系她的，因为这是她的睡眠时间，她会在这个时间之前把工作处理好。而她的练拳时间则是雷打不动的，她是一位资深的泰拳练习者，已经到了黑带的段位。

可以看出，如果不是长期坚持泰拳的练习，她想得到"钢铁萌"的称号也没那么容易。但是自从她的《精力管理手册》出版以后，很多学习者却没能如愿。问题就出在这对矛盾上。很多人弄不太明白，运动到底是精力消耗的大户还是精力养护必不可少的要素。

其实现实当中并不缺少因为坚持运动而保持旺盛精力的人。那些经常坚持运动的人，也会经常跟身边的人说运动的好处，而且他们的精力状况也确实能证明自己所说。但是真正能跟他们一样坚持运动的人却并不是很多，其实就是这种认知矛盾在现实中的体现。当他们看到精力旺盛的运动者的状态的时候，尤其是听到别人跟他讲运动的种种好处的时候，也不可能对此无动于衷。特别是因为精力不足而苦恼的人。但是真的等到要实践的时候，这种矛盾就体现出来了。一想到下班后或者是周末休息的时候要去运动，不管是跑步、打球还是游泳什么的，马上就在心里盘算了：

工作了一天挺累的，再把自己折腾得筋疲力尽的，这一晚上缓不过来第二天起不了床，工作起来没精神可怎么办？

好不容易过个周末，不就应该补补觉，吃好喝好躺一会儿养精蓄锐吗？那不是跟自己过不去吗？

他们这么想也跟自己的体验有关。我们都有过周末或者假期出去游玩的经历，结果很多人回来之后累得直不起腰、迈不开步，一直到上班的头两天都提不起精神来。那些心血来潮去健身的人更是如此，一个星期去健身房两三次整个人就像被抽了筋一样。有过几次这样的经历之后，对这事儿就更加犹疑不决了。这个问题怎么解决？需要解决好两个问题：运动到底会不会让我们的精力变得更好？为什么总有些人觉得运动是对精力的极大消耗？

我们先来说第一个问题，运动到底能不能让我们的精力变得更好？这是肯定的，这样的例子数不胜数。依据如下：

1.运动会促进我们体内内啡肽的释放，而这种叫作内啡肽的天然激素能够增加我们的兴奋感。内啡肽的释放量跟运动的剧烈程度成正比，剧烈的运动会让我们体内的内啡肽含量提高到平时的8倍左右。

2.长期坚持运动能够明显改善心肺功能，所以长期坚持运动的人脉搏和呼吸频率要明显低于常人，这都是心肺功能强劲的体现。而心肺功能强则意味着心脏的制血和泵血功能，以及肺部氧气交换能力的强劲。

3.运动过后的疲累感有助于加快我们入眠的速度，改善睡眠的质量。而良好的睡眠也是旺盛精力的重要因素。

既然运动能够让我们的精力变得更好有这么多的科学依据，也有那么多的实际案例，那为什么还有那么多的人会有相反的体验呢？这主要是因为操作的方式出了问题，要想取得预期的效果，下面的这几点是我们尤其要注意的：

并不是剧烈的运动才叫运动

一说到要坚持运动，很多人都会觉得只有那些剧烈的运动或者是健身房和训练馆里面的运动才能算得上是运动。其实这种理解是非常片面的。这样的运动确实是效果最为明显的，但并不是对谁都适用的。一些基础体质不太好的人或者没有运动习惯的人，一上来就搞这些高强度的运动，很快就会陷入体能和精神的双重崩溃，根本就没机会体会运动带来的好处。运动到底能不能成为改善精力的助力，关键因素不在于激烈程度而在于是不是适合我们自身。所以，不要盲目追求高强度、高频率的运动锻炼。慢跑、健身操都是不错的选择，关键是要适合自己。

运动改善精力是个长期的过程，短期只有消耗

为什么有那么多人觉得运动只会让精力变得更加不济？不是因为他们的感觉出了问题，而是对于那些没有运动习惯的人来说，绝大多数的运动在短期内带来的只有精力的大量消耗。而只有当运动成为习惯之后，运动所带来的改善效果才能慢慢体现出来。这之前确实会让我们精力不济，偶尔一次运动真的会让我们好几天都萎靡不振。所以，这里说的运动更加侧重的是一种长期坚持的习惯，而不是一次两次具体的行为。重要的是能坚持，不过从适应的难度上来说，我们可以选择从那些激烈程度不很高的运动开始。

别把运动看成独立的事件

这个世界上没有什么事情是可以独立存在的，但是很多时候我们都会

把它们当作一种独立的存在。就比如说坚持运动这件事儿，我们说过运动是一件非常耗费体能和精力的事情，这件事情要想坚持下去光靠硬扛是不行的。还要做好与之相关的事情，这当中最重要的就是饮食的调整，要通过饮食的调整把过度消耗所带来的营养亏空给补回来。特别是在坚持节食的人，在打算养成运动习惯之前，一定要做好调整饮食方案的准备。

现在让我们来回答前面的问题，对于精力状况来说，运动究竟是在做加法还是在做减法？答案就是，有的人做运动是在做加法，有的人做运动则是在做减法。关键就在于你怎么理解运动，你把它看成是一种习惯还是偶尔的行为？你选择了什么样的运动，是真正适合自己身体状态的运动还是追求那些看起来更有效的高强度的运动？你是不是做好了与此相关的其他事情，比如饮食方案的调整？答案永远掌握在自己手里。

降低内耗，搞定各种小情绪

让我们再一次回顾上一节开始的时候我们提到的那个问题，什么情况下我们的精力消耗最为严重？当时我们给出了两个答案，繁杂的工作和高强度的运动。现在我们要重新回答一下这个问题，除了这两个答案之外还要再加进去一个。这新加进去的答案就是情绪的内耗。同样的一个问题，为什么会有不同的两种答案？这第三个答案为什么现在才加进去？到底是无意疏忽还是有意为之？这些问题如果不弄清楚的话，难免会让人有种摸不着头脑的感觉。

那么事实到底是什么呢？这个问题的答案就又涉及了提问的艺术和回答的艺术。什么是提问的艺术？提问的艺术指的是提问的技巧，就是说如何恰当地提出有建设性的问题。只有具有建设性的问题才是有价值的，这就要做到凡有所问必有所指。也就是我们常说的"有的放矢"。然后就是回答的艺术，什么是回答的艺术？就是准确理解问题的指向性，在问题所指引的方向上给出相对应的答案。这就有点像是成岭成峰的妙处，同样一个问题在不同的时间不同的场景之下提出来，自然也当有不同的答案。所以，深谙提问和回答艺术的人从来不盲目追求所谓的标准答案。因为很多问题的答案，根本就没有标准之说。就算是有，也是当时、当事之标准。情势不同、场景不同，答案自然也不尽相同。

这就是同样的一个问题会有两个不完全相同的答案的原因所在。因为两次提出这种问题的指向性是不一样的，上一次我们提到这个问题的时候，我们的指向性在于导出运动对于精力的影响。而我们再次提出这个问题的指向性却是在于情绪内耗对于精力的影响，从而寻求解决方案。由此看来，两次的答案虽不完全相同，但是对于提问的初衷而言也都算是命中靶心。既然如此，那我们就按着这一问一答所指的方向把情绪内耗对于精力的影响一点点说明白，力求给出问题的解决方案。

要想把情绪内耗对于精力的影响说明白也不是什么难事，这并不是什么高深前沿的理论，而是我们时时刻刻都在经历的亲身体验。情绪内耗这样的表述虽然更加精准，但是有些不够亲和。其实，对于情绪内耗我们一直都在用另外特别形象的词在表述，这就是"拧巴"。什么是拧巴？就是纠结，不顺遂。这可以是自己跟他人之间的拧巴，也可以是跟事情、时间的拧巴，还可以是自己的心念之间的拧巴。

比如，当我们跟他人的见解不合或者是立场不同的时候。相互之间就难免会闹出一些不愉快，你不同意他的观点，你看不惯他的行为，也听不惯他的言语，他也一样。但是同时你拿他一点办法也没有，更有甚者他偏偏要用这些你看不惯也听不惯的来跟你对着来，然后这点不愉快就会变得非常不愉快。这种不愉快的情绪会让呼吸变快、心跳加速，面红耳赤。这就是一种常见的人与人之间的拧巴。这些变化也在很大程度上加快了精力的消耗。我们都会有这样的体验，与人争执或者是拌嘴什么的最耗费心神了。一场争执过后整个人都有一种被掏空的感觉。

比如有一件事儿，你非常想把它做好，你付出了很大的努力，满以为会有一个不错的结果，可是现实和理想之间的距离之大总是超出我们的想象，面对完全不曾想过的结果，难免会有一些小情绪。而且每多做一次尝试，这种小情绪就会变大一分，甚至会心神渐乱、焦虑难安。有这种情绪在心头，经常是什么事情都没做，单单想想就已经感觉很累心了。这就是人与事之间的拧巴。

比如，有一个念头，理智告诉自己这样是不妥的，但是在本能的驱使下却难以释怀。就像是心理学上所说的大我和小我之间的矛盾，这两个小人儿在我们的意念之中斗来斗去的，消耗的都是我们的心神和精力。在这种执念之下，什么正事儿都来不及做，自己就把自己的心神给耗尽了。这就是自我心念之间的拧巴。

什么是情绪内耗？这就是最接地气、最容易被理解的解释。情绪内耗就是我们与人、与事、与自我的意念之间的拧巴，以及这种拧巴对精力所造成的无谓损耗。至于这种耗费到底有多大，我们的体验比什么理论都来得真切。所以我们最该做的就是寻求有效的方法，把情绪内耗所造成的精力损耗降到最低。需要注意的是，我们所寻求的这个方法的目的在于尽可能地降低情绪内耗对精力造成的损耗，而不是要杜绝这种损耗。这是解决这个问题最基本的思路，如果以杜绝情绪内耗为目标多半是不能如愿的。因为情绪是我们之所以能够成为人的基本特质，机器与人的最大区别和人脑与人工智能的根本区别就在于感情和情绪。我们解决情绪内耗的目标是降低情绪内耗对精力的损耗，而要做到这一点就必须要认识到情绪的合理性和必然性，不要心存把情绪跟自己彻底隔绝的想法。如此，我们才能把下面的这些事情做好。而我们要做的事情，也就是这个问题的解决之道：就是跟自己的各种小情绪和解。

和解之本在于认同和接纳

认同并接纳自己的小情绪是我们跟它和解的第一步，为什么情绪内耗的危害那么大？其实也不只是因为小情绪本身。就像我们前面提到过的分心的危害一样，偶尔短暂地分心走神多半是没有什么严重的影响的，真正的影响在于由此而产生的负面情绪。很多事情都是这样的，小情绪本身也是这样，如果我们能够承认并接纳它，偶尔有一些小情绪也不是什么大不了的事情。可是当我们无法认同也不肯接纳小情绪的时候，事情就变得不一样了。

一旦发现自己有小情绪，马上就紧张得不得了，进而还会产生自责、懊恼、愧疚等更多的小情绪。而这些小情绪还会滋生更多的负面情绪。这样的小情绪难道还不够可怕吗？这又哪里是一点小情绪呀，这分明就是情绪界的潘多拉魔盒。所以，和解的第一步就是认同和接纳自己的小情绪。认同的理由便是情绪和情感是人之所以为人的根本特质，是人就可以有小情绪，这没什么大不了的。所以要记住，引发我们内心小情绪的并不是事件本身，而是我们内心对于事件的看法。认同和接纳小情绪，这才是我们对于小情绪应该具有的正确的看法。

和解之妙在于分寸

很多事情好和坏的转变几乎就在毫厘之间，我们要跟自己的小情绪和解首先要做到的就是认同和接纳自己的小情绪。这也是非常考究分寸感的事情，做得不够或者是做得太过效果都是一样的，我们都得被情绪掌控陷入无休止的情绪内耗之中。要想把握这当中的分寸，有个方法可以帮助我们。这便是佛学当中所讲的用心如镜、不留痕迹。小情绪我们可以有，这没什么大不了的。但是我们不能在小情绪里沦陷，那就当真是了不得了。所以小情绪可以有，我们允许它来。但是我们既有允许它来的心量，就得有送它走的能力。遇事不顺，烦恼失落总是会有的，但是事情过后也当放下才是。与人不睦，心中有不快、不悦也是人之常情，但是总不能记恨在心。把自己的心当作一面镜子，照见了落花便是落花，照见了流水便是流水。但不管是落花还是流水，都不会在镜子上留下痕迹。这就是我们跟小情绪和解的分寸。

和解之术在于排解

和解的根本逻辑是认同和接纳自己的小情绪，但是认同和接纳并不等同于放任不管。所以和解的巧妙之处在于分寸的把握，认同它存在的道理并坦然接受它的出现，但是当事情过去之后及时放下才是我们应该做的。我们不但应该知道放下，还要知道怎么才能放下，这得落到具体的方法上。怎么才能保证情绪来的时候不失控，事情过后及时放下呢？这四步我们要记住：

情绪觉察系统

情绪觉察系统需要我们通过对自己的长期观察，了解处于情绪状态下自己的身体反应、语言表达和行为特点。当自己下意识地开始说哪些话或者是下意识地做哪些动作的时候，我们就应该知道我们已经有情绪了。

情绪熔断机制

这个情绪熔断机制的作用跟股市上的熔断机制是一样的，就是为了防止崩盘和失控。当意识到自己马上就要失控的时候，必须强制自己从情绪脑转换为逻辑脑。但是这个时候让自己深入思考一些问题也真的是太难了，不太可能做到。不过我们可以强迫自己做一些没有什么实际价值，却得用脑子才能做的事情。比如倒着数数或者是跳着数数，或者是其他类似的事情。

情绪回溯机制

我们前面说过，因为我们的情绪往往不是事件本身，而是我们对于这个事件的看法。当熔断机制发挥作用，我们有可能做一些思考的时候就要深入分析一下，这个事件到底是触发了我们内心的哪处敏感点才导致了情绪的产生。

情绪排解机制

找到了情绪产生的深层次原因，排解这种情绪就变得没那么难了。实际上这个过程也是用逻辑脑代替情绪脑的过程。很多时候当我们找到问题的根源时我们的情绪也就排解得差不多了。

第八章

增量式活法，不用挤的时间拓展计划

协作者的时间增量

我们来讨论一下时间的增量和存量，不过在这之前我们先要来一个常识性颠覆。我们每个人的时间都是一样的吗？这难道还需要问吗？从古至今我们一直都说每个人的时间都是二十四小时呀，任何人都不可能多一分或者少一秒。这是人尽皆知的常识呀，这还能怎么颠覆呢？难道真的有人的时间跟别人是不一样的吗？结论我们稍后再说，我们先来说几个现实当中的例子：

同样是作为厨师的两个人，他们拥有同样的专业水平，一个在一家小饭馆，另一个在一家较大规模的酒楼里面。他们每天所做出的菜品的数量有没有区别？

同样是作为科研人员的两个人，他们拥有同等的科研能力，一个把自己关在实验室里独自科研攻关。另一个带着项目组一起奋斗，他们两个的科研成果有没有区别？

同样是作为管理者的两个人，他们的业务能力毫无差别，但是一个事无巨细都要亲自过问，另一个关键之处提点一二，他们的业绩会是一样的吗？

烧菜水平一样的两位厨师，因为工作场景不同，他们的产出会有着很大的区别。很显然，在小饭馆做事儿人手不够。从洗菜、切菜、配菜这些工作开始，一直到最后的装盘都需要由他一个人来完成。他做一道菜需要花费多长的时间？如果是厨师自己出来开夫妻店的话，很可能买菜的事情也要自己负责，那他做一道菜的时间成本就更高了。而在规模较大的酒楼做菜的厨师就不一样了，他的工作就是掌勺。除此之外的所有一切准备和后续工作都会有其他人替他完成，他做同样的一道菜需要的时间成本跟在小饭馆做事的厨师比起来，那可就低得多了。

其他两种情况也是一样的，它们的内在逻辑是完全一致的。能力水平相当的人，有的人什么事情都要亲力亲为，有的却只需要在关键之处给予点拨。同样是一天，他们处理事务的数量的差距我们完全可以想象。那么，我们换一个角度来看待这种情况。专业水平相当的两个人，在一天的时间内做出的成绩差距明显，这又意味着什么呢？是说他的时间价值比别人的高很多？还是说他的时间好像比别人要多很多？到底会有一个什么样的结论，关键就看我们是从哪个角度来分析的。不过有一点，时间价值比别人高出很多，这就是我们跟时间和解的终极目标。因此，我们完全可以说，每个人所拥有的时间是相同的，但是每个人可利用的时间绝对是不一样的。至于说现实当中的例子，就是我们刚刚看到的这些，这些都是很常见的，绝不只是个例。那这种现象背后的逻辑又是什么？我们怎么才能达到这样的一种状态呢？要知道对于追求时间价值的我们来说，这可是非常好的一种状态。首先不用拼命挤压，然后自己也不一定需要非常累，最难能可贵的是时间增加的幅度非常大，甚至可以达到指数级的增长。这样的状态我们付出再多的努力也是值得的，不过好在我们要达到这种状态并不比我们前面分享的方法难多少，甚至说如果前面的一些跟时间和解的方法都做得比较到位的话，我们现在所要做的努力反倒会更加容易一些。

我们先来说这种现象背后的逻辑，其实要想把这件事儿背后的逻辑理清楚，只需要把我们最开始提到的两个时间概念的增量和存量弄明白。如果我们想要讨论这样的两个概念，我们需要把看待时间的视角切换一下。我们看待时间不能盯着一个人，不能只盯着个体本身。我们需要把视角从个体切换到团队上来。道理很简单，如果我们只盯着个体来看的话，时间的释放很难达到一个指数级的变化。所以我们要想寻求这样一种结果，就必须要向外寻求，把别人的时间变成自己的时间，这是指数级变化的基础所在。有了这个锁定团队协作为目标的视角，我们就有了讨论时间增量和存量的前提。

存量和增量是市场营销领域的两个核心概念，所谓的存量又叫作存量市场，指的是现在已经获取的市场客户量，需要通过维护和转化来把这部分存量变成价值。而所谓的增量又被称为增量市场，指的是努力获取的未来的市场客户量，这需要我们通过各种营销来获取和开拓。我们现在讨论时间的存量和增量就是要在这个基础上做适当的延伸。我们所说的时间的存量，指的就是我们每个人拥有的每天二十四小时，这对每个人来说都是非常公平的。但是每个人的时间存量变现的价值却是很不一样的，这取决于我们对这部分时间的利用和价值转化。而时间的增量呢？指的就是我们通过有效的团队协作从外部获取的时间，如果把握得当，这部分时间变现而来的价值将会是非常惊人的。只需要把个人的时间和团队成员的总时间分别对照存量市场和增量市场这两个概念来看，时间的存量和时间的增量的概念理解起来其实是比较容易的。其实这个时间存量和时间增量的概念，可以完全涵盖全书的所有内容。以这一节作为分界点，之前的所有内容我们主要讨论的是时间存量的内容，怎么完成自己每天二十四小时的高效变现是我们所追求的目标。从这一节开始，我们的内容就发生了方向性的变化，我们追求的目标变成了如何把协作者的时间进行变现，把它们变成自己的价值。这就是我们讨论时间增量的意义。

那么怎么最大化自己的时间增量呢？最关键的就是身份的转换，为了更好地完成存量时间的变现，我们需要做一个精进者，扮演好一个高效奋斗者的角色。可是想要更好地完成增量时间的变现，我们就需要变身成为一个出色的协作者，甚至是一个leader，成为一个领导者。需要说明的是，这里所说的领导者不一定指的是拥有职位或者权力的人。他更加侧重协作当中的核心角色，或者更加准确的表述是核心的协作者。包括我们前面提到的协作团队，指的并不一定是同一个机构内部的固定团队，而是指为任何形式的协作而成立的团队。而我们从协作者那里获取存量时间的能力取决于在协作当中所占的主导性到底有多大。

比如前面所说的厨师，如果整个厨房里就只有自己一个人，他的时间变现能力跟具有同样专业水平又拥有一个协作团队的同行是完全没有可比性的。因为他完全没有增量时间，整个厨房里所有的琐碎事情都需要自己去完成，这些都是非常耗费时间的。而拥有协作团队的人，那些耗费在洗菜、切菜、配菜包括最后装盘等琐碎事情上的变现价值非常有限的时间，全部用协作者的时间代替了。这等于说他用协作者的时间把自己的时间给置换出来了，然后他所有的时间变现成非常强的高价值时间。但是做到这一点的前提就是，他必须成为整个协作团队的绝对核心。他得是整个团队当中烧菜技术最好的人，他的专业水平必须是最高的。这样才有能力让别人甘愿把自己的时间花费在那些变现价值不高的事情上，从而把你的时间给置换出来。只有这样，你在一个协作团队当中才能把协作者的时间变成你的增量时间，反之你的时间就会成为别人的增量时间，而这个人就是这个团队的核心协作者。

现实中这样的协作团队有很多，一位经理会有助理，一位总经理会有秘书甚至是私人助理。再高一个级别的人可能还会有数名助理。一个销售精英也会配备一名甚至是数名销售助理，一名律师也会有一名甚至数名助理律师。包括现在非常火的各个领域的带货主播们，他们每个人都会配备包括助理在内的支持人员。为什么所有的协作团队都会有这样的人员配置，是因为这些人比较高贵不屑于做那些琐碎的事情吗？绝非如此。他们之所以选择这样做，其实就是为了给专业过硬的人准备一些增量时间，而这些辅助者不过是他们增量时间的提供者而已。

　　现在让我们来梳理一下，善于使用增量时间的人，不用挤压就能释放出多于常人数倍的时间来为自己所用。而要想达到这样的状态，我们必须深入理解什么是时间的存量，什么是时间的增量。

增量式活法：斜杠和协作

这一节我们要讨论的重点是增量式活法，什么是增量式活法？我们前面分享了时间的存量和增量，我们知道要想在不用极度挤压自己的情况下让自己可利用的时间获得指数级的增加，那就只有通过有效协作开发时间的增量。而这样的一种努力和生活的方式就是我们将要讨论的增量式活法。这样的活法到底有多好或者是有多么重要已经不需要再做过多的阐述了，我们跳过这一节直接进入怎么办的环节。我们需要通过什么样的途径，具备什么样的能力才能很好地把协作者的时间变成自己的增量时间？答案就是我们最起码要做好三件事儿：斜杠、协作和连接。我们依次来说。

先说斜杠。斜杠这个提法算不上新鲜，到现在已经有好几年时间了。奉行斜杠法则的人还有一个共同的名字叫作斜杠青年，这也是一个相当庞大的群体。最早斜杠的提法来自英文当中的"/"这个符号的意思，英文当中使用这个斜杠隔开的内容之间是一种并列存在的关系。所以当时提出这个斜杠的意思就是要尽可能多地培养自己的新技能，让自己变成一个拥有多项技能的复合型人才。如果做得好，斜杠青年确实会有更多的选择和更加广阔的空间，现实当中也确实有不少的年轻人享受到了斜杠带来的红利。可是，我们要建立增量式的活法，为什么要重新提起斜杠呢？它们之间又有什么样的关系呢？

斜杠和增量式活法粗看起来好像并没有多么紧密的关系，甚至还有些相互矛盾的地方。矛盾在哪里？很多斜杠青年的目标是让自己成为一个超级个体，把自己活成一个团队。但是我们讲存量式活法的核心是什么？是协作。增加自己的时间存量就是要把协作的时间变成可以被自己利用的时间，用来处理核心之外的琐碎事务。那这么看来斜杠和增量式生活是不是在方向上就存在着矛盾？斜杠是要同时拥有多项技能，让自己活成一个团队。而增量式活法则是加强自己的核心技能，以保证在协作过程当中自己的核心地位，这样才能让其他协作者的时间变成自己的存量时间。我们在讨论怎么才能做到增量式活法的时候，第一个就提出这样一个跟它在方向上相悖的概念，到底是因为什么？

为什么要在讨论增量式活法的时候提到斜杠，根本原因就是斜杠有助于更好地协作，只有斜杠做得好的人才能更加擅长协作。其中的关键在于抓手，而抓手关系着我们对一件事情的掌控性到底有多强。我们说协作是增量式活法的必经之路，但是协作不可能只有好的一面。如果做得好，它确实能为我们提供大量的增量时间。可是协作就意味着有些事件你要交给别人去做，而所有不在自己视线之内的事情都可能有失控的风险。于是，失控就成了最大的风险。所以我们需要把控，我们就需要更多的抓手，而斜杠就成为我们获得更多抓手的必要途径。什么是抓手？抓手这个说法来自"得到"的创始人之一罗振宇先生2019—2020跨年演讲《时间的朋友》。在这场演讲当中，谈到当下时局的基本盘，谈到当下这个时代人们获得自我提升的方式。他说之前是一个大机构盛行的时代，人们的奋进是电梯式的。我们的人生就像是坐电梯或者是赶公交，我们需要努力一阵子来获取进入大机构的机会。而一旦获得了进入的资格，就像是挤进了电梯一样，只需要摁下按钮，电梯就会带着我们不断上升。只要你乘坐的这部电梯不停，你的上升就得以持续。

但是，我们当下所处的这个时代大机构正在逐渐没落，能够带着我们持续稳定提升的大机构越来越少。对于我们当中的大多数人来说，我们的奋进已经进入了攀岩时代。在攀岩时代下，大机构没有了，电梯没有了，时代就像是一面没有尽头的崖壁矗立在我们面前。如果想要上行，那就只能顺着这面岩壁不停地向上攀登。这种努力相对于电梯时代那可就难很多了，首先我们人生上行的攀岩是无保护模式的，其次这种努力是终身制的。在这面岩壁上你得不停地往上，没有中间停下来休息一下的权利。还有一个最大的不同就是，电梯时代你只要获得进入的资质就可以了，只要抬腿迈进去，你可以把注意力保持在同一个点上，只要你不被挤出去就不会有任何问题。但是攀岩时代，想要一路攀升你得借助不同的着力点。你永远都在寻找下一个能让你抓到或者是落脚的地方，如果觉得哪个地方很方便用力就想着一直待在那里是不行的。这个地方叫作个人的舒适区，而舒适区完全可以理直气壮地毁掉一个努力的人。这些能够方便我们抓住的凸起或者是方便我们落脚的凹陷，就是我们所说的抓手，寻找抓手是我们在攀岩时代保持上行状态的基本技能。再说得具体一些，抓手就是那些能够让我们在这个时代安身立命的手艺或者叫技能。这样的手艺我们需要很多个，而且是越多越好，所以我们必须学会做一个出色的斜杠青年。

让我们再说回增量式活法本身，要想过增量式活法同样需要做一个斜杠青年。就是因为所有斜杠的这些技能，都是协作不失控的必要保证。不失控的协作应该是什么样的？就是你可以只做整个协作链条当中最核心的部分，但是要懂得其他任何部分。这个懂得需要到什么程度？这个跟斜杠的标准是一样的。斜杠的标准就是能够让你安身立命，就是你对这事儿的专业程度能达到让别人为你付费的标准，这才算是真正的斜杠。只是喜欢、了解或者仅仅是知道那是不行的，其实我们有很多人总是会想当然地把爱好当成是斜杠。这纯粹是一种自以为是的误会。因为只有到了这个程度你才能保证在不用时时关注的情况下，对处于整个协作链条上的其他事物的进展情况做出准确的判断。进展的速度怎么样？完成的质量怎么样？接下来哪些点有可能出现问题？这些答案靠的就是你的斜杠级的专业程度，只有达到了斜杠的标准，你才能做到偶尔关注就能稳控全局。这样的环节越多，你在这个协作链条上的抓手就越多，协作对于你来说可控性就越强。

然后我们再说协作，我们不是一直都在说协作的事儿吗，为什么还要单独再说一下协作？选择在斜杠之后再单独提起协作其实就是为了对斜杠的人做一下思维和心态上的矫正。一个出色的斜杠主义者，他可以把很多事情做到职业级，有很多事情他都能玩得很溜。常常会给人一种什么都不在话下的感觉，自己更是会觉得自己无所不能。这样的人在做事儿的时候会更加倾向于大包大揽，喜欢由他一个人完成所有的环节。这对他们来说更像是一种心理需求，而要想成为一个好的协作者，要想过上增量式的生活，这样显然是不行的。所以，我们在斜杠之后提一下协作就是强调要过上增量式的生活我们必须要具备斜杠的能力，但是一定要戒除什么都舍不得放下的心理，这也是在要求我们学会跟自己的努力做减法。同时也是对斜杠的一个补充，斜杠的标准是我们能够用来安身立命，这是我们对斜杠水平下限的一个界定。那么，斜杠有没有上限呢？关于斜杠确实没有明确的上限，如果可能当然是越精通越好了。但是有一个原则，那就是我们提倡斜杠，我们还给出了斜杠的最低标准，而这并不意味着我们就要放弃自己的核心优势，也并不意味着需要在各种技能上平分时间和精力。如果斜杠的标准是职业级的话，那你最核心的优势则应该是专家级的。然后把职业级的斜杠技能作为你的抓手，为专家级的核心技能赢得增量时间，这才是协作应该有的目标。

借脑等于增加时间总量

有一位广告营销领域的顶尖高手，他在讲述自己的奋斗历程时提到过自己的小事故，现在他一直把这个经历当作故事来讲。他说那时候刚刚开始创立自己的品牌营销工作室，接了一个大单。客户是一家实力非常强的公司，请他们帮忙做营销文案，当然报酬也是非常可观的。为了能够顺利拿下这单业务，他也真的是倾注了全部的心力。经过一阵子的忙碌之后，他带着方案去见客户。用他讲述时的一句话说就是："当客户开口的时候我就知道，这段时间以来我们所有的努力都白费了。"没错，虽然花费了大量的时间和精力来打磨句子，作为广告文案来说在表述上也确实算得上是出色。但是，方向错了。跟需求方的想法不一致，一切就没有了意义。

我们在这里提起这个故事，当然不是为了励志，不是为了说他经历了多少困难才有了今天的成就。我们要说的是，时间的价值不在于你有没有真的付出过努力，甚至也不在于你是不是真的拥有过人的能力。而是说你的努力有没有得到协同者的认可，这是决定你的时间和精力价值的关键因素。前人有句话叫作："干活不由东，累死也无功。"说的就是这个道理。这也是增量式活法践行当中的一个坑，如果处理不好，再多的时间和精力都会被无谓地消耗掉，就像是一个黑洞一样。可是凡事有坏的一面就必然会有好的一面，这事儿前面那位主人公没有处理好就踩进了坑里。如果我们采取跟他相反的做法的话，那就很有可能获得意外的惊喜。事实上，确实有很多人都在做这样的人，这种方法我们管它叫"借脑"。什么是借脑？就是按照跟这个主人公相反的思路做事。这个故事里的主人公是没有把协同者的大脑纳入工作流程当中，而借脑则是把非协作者的大脑借过来，让它成为我们增量式活法的有效助力。

借脑的形式有很多，多到一些不怎么高明的借用已经成为其他人的坑。这种情况主要出现在招聘市场上，这种借脑行为就是非常不体面的。具体做法就是某些组织一旦遇到难以解决的问题之后，就会习惯性地发布招聘信息。开出的待遇条件优厚到足以吸引这个领域里的顶尖高手。这样一来就会有一批高手前来应聘，然后他们自己无法解决的问题就成了面试当中的一个环节。让面试者给出解决方案，他们说会在众多的方案提出者当中择优录用。而实际上呢，他们只会在众多的方案当中择优选用，而并非录用方案提出者。由于他们给出的待遇条件非常具有诱惑力，所以很多时候他们总能够得到满意的解决方案。这种不体面的借脑行为已经成了很多职场高手，特别是技术流高手应聘过程当中的陷阱。这种行为是非常可耻的，是我们极力要反对的。但是这也从侧面印证了借脑的重要性。

当然借脑重要性的例证绝对不仅于此，这样的体验现实当中还会有很多。

比如，有些问题如果靠自己去钻研的话可能需要一个星期、一个月甚至是更久。但是如果有个人能在关键之处点拨一二的话，这个周期就会缩短很多。

比如，有些经验如果靠自己一点点摸索，一点点积累的话，可能需要几年甚至更久的时间。但是这时候要是能有一个过来人肯给你做一些分享的话，那就可以少走很多的弯路。这些弯路就是我们试错的过程，试错的成本会有多高我们也都深有体会。

不管是在问题的关键处能够得到高手的点拨，还是能够得到过来人分享一些经验，这本质上都是一种借脑的行为。借脑到底能为我们带来多大的时间增量。前人有句话说得很棒："与君一席话胜读十年书。"这十年苦读的时间就是借脑带给我们的时间增量。当然，这不过是一个夸张的说法。每次借脑所带来的时间增量也不可能是固定的，这取决于我们靠自己去摸索所花费的时间来决定。但是不可否认的是，借脑行为都会带来相当大的时间增量。所以，作为一个增量式活法的奉行者，我们一定要有借脑的意识，更要有行之有效的借脑方法。只不过我们所说的借脑，一定要足够优雅，足够体面。这样的借脑才是真正有效的，才是可持续的。

那么，怎么才能优雅体面地借脑呢？一个思维，一个方法，三个技巧。

一个思维是价值思维，我们靠什么借脑？靠社交吗？确实跟社交有着很大的关系。毕竟要借脑就得先认识那些比自己更厉害的人。然后还得让他们甘愿把自己的知识和经验分享给你。这些都得靠社交来完成，但是绝不能靠所谓的社交手腕来完成。只靠社交手腕来实现借脑，注定是无法长久的。靠什么？要靠价值思维来完成。长期以来很多人都觉得社交高手就是那些受欢迎的人，这其实是在用情感思维搞社交，这确实能带来舒适感。但是如果想让借脑变得稳定且体面的话，这还不够，还得加上价值思维。让自己从一个受欢迎的人迭代为被需要的人，而受欢迎和被需要这中间差的就是一个价值思维。

一个方法是分享，你要有价值思维，有让自己变成被需要人的决心。同时还要通过主动分享让自己的价值变成别人的助力，这是一种双赢的行为。把自己的价值分享出去，然后才能把别人的大脑借过来。这个顺序一定不能倒置。如果不是以价值为基础借脑，你的所谓借脑就会演变成情感勒索。如果把分享和借脑的先后逻辑搞混了，则可能会让自己变成一个冷漠的功利主义者。就是大家嘴里的那种不见兔子不撒鹰的人，这样的人借脑之路不好走。

三个技巧说的是分享自我价值所需要注意的三个关键事项：

分享核心，突出优势

分享自己的价值，让自己先帮别人解决一些问题，成为被他人需要的人。第一个需要注意的是要分享自己的核心技能。这需要对自己有一个清晰的定位，不妨问问自己：我是谁？我的核心技能是什么？比如说，我是一名律师，我的核心技能是跟法律相关的知识和技能。或者我是一名牙医，我的核心技能是保持口腔的清洁和健康。一定要把这个定位找准了然后传递出去，再利用这些核心去帮助别人，把自己的价值分享出去。既能够让大家准确标记你的社交价值，又能避免力不从心的事情发生。

有限分享，过犹不及

难道分享自己的价值去帮助别人还要有所保留吗？没错，确实要有所保留。经常会听到有人抱怨说帮人能帮出一个仇人来，这种情况确实存在而且还不在少数。这当中除了人的因素之外，更多的是在帮助他人的方法上出了问题。比如急于分享价值的我们最见不得别人有困难，总是不由分说就冲上前去，为了展示我们的热心，总是会头脑一热大包大揽。结果很可能就是人家原本也没想向我们寻求帮助，我们过于莽撞打乱了人家本来的安排。还有可能我们过于超出自己能力之外的大包大揽让人家连个备用的方案都没准备。这样分享，这样帮忙，可不就是帮成仇人了吗？为了避免出现这种情况，我们必须要进行有限的分享，有限的分享应该是这样的：非请勿动，想帮忙先询问，不要因为自己的莽撞打乱他人的计划；分享价值切忌话说得太满，要有把事情做满的心，但不能有一切交给我这种话。丑话说在前面，给自己留个退路，也给别人留个出路；帮智不帮力，帮勤不帮懒。有些需要帮助的人是真的遇到困难，但是有些人所谓的困难纯粹是因为想要偷懒。一定要学会区别对待，即使要帮也是在关键处给予点拨，而不是全程代劳，更不可越位；不按等级对待，人品要有区分。分享自己的价值切不可按对方的地位高低区别对待，但一定要看清人品。只有靠谱的人才值得真心对待。

但行好事，莫问前程

我们说要想体面且稳定地借脑，就先要有价值社交思维，并通过价值的分享建立以价值为纽带的全新社交网络。凡是处在这个网络当中的聪明的大脑就都是我们的智力储备，都是我们增量时间的来源。但是这个逻辑绝不能反过来推，我们不能反过来把借脑当成价值分享的前提。更不能以此作为资本，要求对方怎么样。一句话，但行好事，莫问前程。分享之前把握好有限分享的分寸，分享之后坦然处之。不是所有有价值的人，都能够成为被他人需要的人的。他首先得在别人眼里成为一个靠谱的人，而太过于功利则是靠谱的大忌。

上面就是我们要分享的关于借脑的一个思维，一个方法和三个技巧。需要再补充的一点就是如果把自我价值的分享和借脑行为比作储蓄的存入和支出的话，那么请记住一定要保持存入大于支出的状态。而且借脑的真正含义一定要明确，借脑是指借用聪明的大脑在关键时刻关键的点上给予点拨，而不是让别人帮忙解决问题或者是代劳。记住，是借脑而不是借力。

开放式心态，为增量时间资源扩容

增量式活法，我们分享了斜杠说的是协作链条之内的增量时间的获取。我们分享了借脑说的是协作链条之外的增量时间的获取。虽然同样是在获取增量时间，但我们选取的角度是不一样的。不过说到借脑其实就是涉及了一个社交资源变现的问题，身边的聪明大脑无疑是社交资源的一种，而关键时刻的点拨为我们带来增量时间更是变现的一种方式。可是既然借脑本质上是一种社交资源的变现，那我们就必须要解决掉社交领域的一个痛点问题。如果这个问题能够得以解决，我们就又能够让借脑的资源获得指数级的拓展。这是什么问题？就是社交同质化的问题。

什么叫作社交同质化？就是因为圈层壁垒而造成的不同圈层之间的隔阂。圈层是社交领域特别流行的一个概念，又被称为圈子。有人说圈子大了贵人就多了，还有人说圈子对了事儿就成了。如果是从职业晋升的角度来看待圈层和圈子的话，这种说法也确实有一定的道理。因为所谓的圈子就是以家庭、地域或者是职业为纽带结成的社交群体。这当中最常见的就是以职业或者是爱好为纽带的社交圈子，比如汽车圈子、广告圈子、经纪人圈子、编剧圈子、IT圈子，这些都是常见的社交圈子。因为大家的共同话题会比较多，大家在一起会感觉比较能够聊得来。而且这些圈子里面的人都是有着同样的职业和爱好，对于年轻人来说这里面的前辈们就都有可能成为自己的宝贵资源。就算是那些资深人士之间也可以通过头脑风暴的形式，交流经验心得共同精进，还可以共享相互的资源。这样一来很容易就会形成一个圈层内的增强回路，尤其是对于年轻人来说如果运用得当确实会对自己有非常大的帮助。就像我们说的借脑，圈子绝对是一个非常靠得住的资源。但是这样的资源也会有自己的瓶颈，当你在自己的行业内不断提升的时候，这种作用会特别明显。但是等自我精进到了一定的程度，想要独立做点事情的时候就会发现，你身边一直以来让你引以为傲的人脉资源，那些前辈们，他们的专长和资源都出现了高度的重合。他们所擅长的东西基本上是一致的，他们所认识的人也基本都是那些人。而且他们所擅长的技术你自己也不陌生，他们所认识的一些人你也多有接触。最严重的是，你会发现你的短板同时也是他们的短板，甚至是整个圈层的短板。这就是我们所说的社交资源同质化。

这种情况在年轻的创业者之间非常常见，特别是那些专业门槛比较高的技术派。他们经过几年时间的积累和沉淀，专业水平已经到了一个相当高的段位，就想着要自己做点事儿了。但是创业需要一个完整的团队，除了专业人才之外还需要管理人才、财务人才、营销和运营人才等各方面的人才。怎么去组建一个完整的团队？初创公司只靠猎头怕是很难，最常见的就是几个比较能聊得来的年轻人组团一起做事儿。可是如果对于一个被圈层固化了社交的人而言，找到合适一起做事的小伙伴比请专业的猎头帮忙的难度可能还要高一些。因为他会发现身边的小伙伴跟他全部都是技术流，别人会的他基本上也都会。他自己欠缺的，其他小伙伴也都懂不了多少，连一个能跟自己形成互补的人都找不到。

其实还不只是在创业的年轻人当中，在一些对创意、创新要求比较高的行业，他们在借脑的时候受到圈层固化所带来的社交资源同质化的影响同样严重。所谓创意其实就是思维定式的一种突破，而同一种职业所运用的思维方式是大致相同的。时间一长，这个行业当中的大多数人的思维就会形成同一个定式。不同行业的人的思维定式是不一样的，有的擅长逻辑思维，有的擅长辩证思维，有的擅长发散思维，虽然看起来他们是一群人。但是在同一个行业内部，他们的思维定式基本上都是一样的，这种思维定式能够明显到什么程度？如果是一个足够细心的人，他完全可以从语言表达或者是行为所展示的思维惯性去推断一个陌生人的职业。思维定式有它好的一面，那就是有助于在某一个领域深耕。当然弊端也是很明显的，那就是它非常不利于创新和创造。因为这个思维走向跟创意是相悖的。创意产生的过程很多时候更像是各种思想杂交的过程，首先要有开放的思维允许其他的思想进来；其次还要有把其他思想放进来的能力，你得有原料；最后就是你得有让它们相互融合形成互补的大局观。而这些都是被圈层固化的人所欠缺的，他们这样的思维定式不仅不利于创新更不利于借脑。当其中的一个人想跟另外一个人聊聊，以解决自己疑惑的时候，他会发现他们的想法和考虑问题的角度竟然是那么的一致。经常会有：

"原来你也是这么想的呀。"

"当真是英雄所见略同。"

"对，没错，我也觉得那个地方挺难的。这么想肯定是没有什么希望的。"

或者是诸如此类的感慨，如果经过几个同行人的相互印证之后就很容易得出这样的结论：

"没错，我们都是这么认为的。既然我们都觉得这么做是不行的，那可能就真的是不行。还是算了吧，就不要再异想天开了。"

这到底是发生了什么呢？本来是想要借脑的，结果几番交谈所起到的作用却是更加强化了之前自己的想法和判断。原来觉得可能是自己哪里没想对，现在经过了反复印证越发坚信自己的想法是正确的。这个问题可能真的就无解。这还是借脑吗？根本就不是。

所以现在明白了，圈层固化对增量式活法绝对是一个特别大的障碍。

从资源上来说，资源的高度重合不利于相互间的优化配置。从思维上来说，高度一致的思维定式使得我们很难完成有效的借脑。增量式活法的终极目标要求我们，必须解决社交同质化的问题，必须要解决圈层固化的问题。可是圈层固化并不是我们要面对的真正问题，圈层固化只是那个需要我们去改变的结果，而不是引起这个结果的原因。我们真正要面对的问题是圈层壁垒，它才是隐藏在圈层固化背后的深层次原因，突破了圈层壁垒，圈层固化就不再是问题，它甚至都没有形成的机会。可什么是圈层壁垒呢？那句老话怎么说的？隔行如隔山。没错，圈层壁垒就是横亘在行业圈层之间的大山，而我们突破圈层壁垒的过程就像是在翻山。现在我们一起来看看圈层壁垒到底是怎么形成的。我们希望你能用逆向思维来看待这些形成圈层壁垒的因素，因为反过来看这就是我们突破圈层壁垒的路径。

知识储备

这恐怕是行业壁垒形成的最重要的因素了，尤其是一些技术含量比较高的圈子，知识储备的制约简直可以说是绝缘性的。一个圈子里面的常识性的认知在另一个圈子里面的人看来那简直就是天书一般的存在。同样，这个圈子里面的大神级别的人物到了另外一个陌生的圈子里面很可能一秒钟就变小白了。可是这个问题真的不好解决，因为这些受到知识储备制约严重的圈子，那些所谓的基础知识学习起来都是非常难的。

怎么办？我们不是要用逆向思维来解决问题吗？没错，学习这些专业的技术知识难度确实非常大。但是我们可以避开这些难啃的硬骨头，作为一个外行我们可以避开专业学思维。这样的课程现在有很多，比如"数学的逻辑""密码学思维""法律的逻辑"等。我们不一定非得要学高深的数学和密码学或者是法学专业知识。但是我们可以学习它们最底层的算法，也就是它们的逻辑和思维。这就等于是一把打开另外一个圈子的钥匙，凭借这种思维你可以轻松地跟另外一个圈子的人对话。

对于未知的抗拒

对于未知和陌生的东西，我们会有一种来自本能的抗拒，有些时候这种抗拒还会以不屑的方式表现出来。封闭心态是我们在面对陌生和未知时的常见的本能反应，而抗拒和不屑则是封闭自我的两个非常好用的工具。没错，我们只要对那些自己不了解的东西表现出抗拒或者是不屑，我们就可以永远不走进它们。

现在让我们来逆向思考，解决这个问题的重点就在于跟自己本能地抗争。

首先，要让自己敢于走出自己的舒适区，一定敢于走出去，敢于到另外一个世界做一个小白。

其次，保持旺盛的好奇心，好奇心是我们主动探索的内在动力。只有你想要了解其他圈子到底是什么样子的时候，你才有可能真正尝试了解他们。

最后，放下成见。一定要相信那句话，行业从来就没有高低贵贱之分，只不过是我们选择努力的方向不同而已。任何圈子里面都有值得自己学习的东西。同时放下的还有对自己的成见，自命清高不行，妄自菲薄也不行。

我们做这些就是为了塑造一个开放的心态，当然这么做并不简单，因为我们是在跟本能抗争，本能的力量我们从来都不应该轻视。怎么办？有一个不错的方法就是先接纳一个想要了解你的世界的其他圈子里的人。做这个冒险者的接引使者。这会是一个不错的开始。需要补充一下的是，保持开放心态为增量时间资源扩容我们的途径是圈层突破。但是我们从来没有否定过圈层的力量，实际上圈层依然是我们非常重要的增量时间资源，这一点从来都不会改变。我们说圈层突破不过是在此基础上的再次扩容而已。

成本思维，让时间变成货币流通的一部分

"古时候有很多有钱人，自己明明有一双眼睛，但自己是不读书的，他们是雇别人来读书给自己听。从今往后，我就是您身边的这个读书人，读书是一件很苦的事，所以我的口号是：死磕自己，愉悦大家。"这是"得到"的创始人罗振宇先生在公司改名为"得到"之前他的每期节目当中都会出现的一段告白。那时候这档音视频节目的名字叫作《罗辑思维》。我们把这段告白原封不动地放在这里的原因有两个：首先，我们想要接着这段话说出我们这一节的核心观点。其次，这个核心理念的践行过程跟"得到"有着紧密的联系。

这个核心观点就是，用货币的形式来获取增量时间是每一个想要过上增量式活法的人都要具备的一项基本技能。因为这是一个最简单可行的获得增量时间的方法。可以让增量式活法变得触手可及，可以不用付出太多的时间和成本、不用经历太长的过程就能享受到增量式活法的红利。这对于一个刚刚接触增量式活法的新人来说简直是太重要了。这并不是说之前分享的方法不够好或者是不实用，之前分享的每一种方法都非常重要也非常实用，只不过使用这些方法走近增量式活法需要一个相对比较长的过程。这个过程当中的付出对我们的信心和耐心都是一个不小的考验，可能有些人还没来得及享受红利就已经萌生退意了。为了避免这种情况发生，我们需要一个相对比较简单的更容易看到希望的获得增量时间的方法。

方法非常简单，只需要付出货币来换取别人的时间就可以了。但是这

件看似简单的事情做起来还真的是不简单，因为这里面有很多常识和逻辑上都不太能够说得通的地方。如果我们不能把这些关节打通，这件事情就几乎没有做好的可能，虽然它看起来是那么的简单。可是就像我们刚刚说的那样，如果这种简单直接的方法我们没去做，那对于想要过上增量式活法的人来说绝对是非常大的遗憾。所以，打通用货币换取时间的过程当中的逻辑障碍我们非做不可。现在我们就一起努力通关：

别人嚼过的馍馍不香

这句话算得上是共识度非常高的常识了，很多人小时候都被师长们这样训诫过。说实践才能出真知，凡事都要通过自己的探索得出结论。老是听别人怎么讲、怎么说就像是吃别人嚼过之后再喂给自己的馍馍，没滋没味的，这样不好。可是事实上是怎么样的呢？"吾生也有涯，而知也无涯。以有涯随无涯，殆已！"庄子的这句话就是事实。生命短暂时间宝贵，但是我们需要获得的知识、需要掌握的技能、需要做的事情却是多到不可计数。如果凡事都要亲力亲为，结果会是怎么样的呢？"殆已"，失败是已经注定了的。就像开篇那段话说的那样，那么多有钱人明明自己有一双眼睛却要花钱雇人来替自己读书。

是因为懒吗？还是因为这是一种时髦的消费行为？这些原因可能都会有，但是绝对不会是主要原因。如果懒大可以躺着享受，听个曲儿不是更舒服吗？如果是赶时髦，时髦的消费那可多了去了。以请别人读书这种方式来彰显时髦，这种概率也不是很高。为什么花钱请人替自己读书？更加靠谱的理由应该是自己的时间更值钱，雇别人读书反而会更划算。或者自己干脆就读不懂，经过专业读书者的二次加工之后理解和接受起来更加容易。总之，在有钱人看来，花钱雇人读书本质上是一桩更加划算的生意。所以，想要把用货币换取增量时间的方法付诸实践，首先要做的就是颠覆掉这种常识。忘掉比喻本身，还原事情的真实情况，然后再发现这种现象背后的逻辑。不要再抱着什么事情都要自己去做的念头，要让自己坚信购买别人的时间在本质上更加符合价值思维的衡量标准。这么做事儿，不亏。

我不是有钱人，不能按有钱人的方法搞

用货币的形式获取时间增量，这本质上是什么行为？用流行的词汇来表述其实就是知识付费。很多人都觉得知识付费是有钱人才干的事儿，而想要让自己的人生变得更值钱的人大多数都觉得自己并不在这个群体之内。既然不是有钱人，就没必要像有钱人那样搞。如果自己努力一下子，也是有可能学会的。完全没有必要再从自己本就瘪瘪的钱包当中再分出一部分。我们先不说学习的门槛，我们先假设自己努力一下子也是可以学到的。这样自己去摸索就是更好的选择吗？拥有这种想法的人意识当中成本可能只是货币，起码是没有把时间的付出也当作一种成本。我们再次强调成本，我们所讲的成本意识当中的成本泛指一切我们为了某种获得而所做的付出。这既包括有形的成本，也包括无形的成本。而时间成本和机会成本就会是非常典型的无形成本。

就算是自己努力也能获得某些知识，但是比起花钱雇人帮自己学，这中间的时间成本差异是非常大的。有些领域的知识，如果不是有人引导，常人花费几年的时间都很有可能不得其门而入。更何况有些知识的学习门槛高得超出我们的预计，很可能我们的时间成本付出了很多，但是却没能换得任何的回报。如果我们反过来考虑，我们把节省下来的时间用来做自己擅长的事情，结果又会怎么样呢？绝大多数情况下，这部分时间所获得的报酬是要远远高于之前的支出的。所以，我们应该明白，要不要用货币去获取增量时间，不是是不是有钱人的问题，而是有没有正确的成本意识的问题。如果不把自己的时间和机会当作成本，自己都觉得自己的时间不值钱，没有任何价值。又如何才能提高自己的时间价值，过上很贵的人生呢？"最好的投资就是投资自己。"这句话说得很棒，什么是投资自己？其实就是用货币获取增量时间，让别人的努力和时间来加速自己的成长。然后自己的时间才能变得越来越值钱。这根本就不是钱多钱少的事儿，相反地越是因为自己不是有钱人，越是应该这么做，因为我们让自己增值的需求比有钱人更迫切。

知识付费是个坑，学得越多越焦虑

这个论调几乎是伴随着知识付费的出现而出现的，知识付费快速发展的这几年，关于知识付费就是贩卖焦虑的声音也是越来越大。一些知识付费领域的佼佼者更是被指为靠贩卖焦虑来行骗的人，说他们不只是贩卖焦虑还制造焦虑。依据是什么？是很多人越学越焦虑，这是个事实，无可争辩也不需要争辩。我们需要进一步弄明白的是为什么，这个事实是怎么造成的？这才是值得我们关注的地方。越学越累，付出越多越焦虑，原因是什么？无非这几种：

无节制占有

很多人，尤其是不甘于现状的人，对知识有一种病态的饥渴。这病态的饥渴说的不是程度，而是方法。在知识面前他们毫无方向，也毫无方法。有的只是对知识毫无节制地占有，是占有而不是学习。他就是本能地感觉欠缺，感觉饥渴，只要是送到面前的就照单全收，而后就任由知识躺在那里。他回过头去又开始占有新的知识。这其实就是没搞明白自己是谁，也没搞明白自己要什么？当然就更谈不上做减法了。这问题我们之前探讨过，先弄明白自己和自己的需求，然后再讨论知识和学习。没别的路可走。

不明白知识长什么样

读书学习，请别人帮自己读书，让过来人教自己学习。这都需要有一个前提，你得了解知识到底是怎么回事儿。从实用性的角度来讲，知识可以分为三种：增加见识开阔眼界的知识，洞见规律了解事物深层次逻辑的知识和强化技能直接面对现实的知识。三种不同的角度对应的是三种不同的学习方法，第一种知识是听书就能应对的。只需要把握其核心，了解其大概就足够。第二种就需要听和看反复印证。听的过程中疑惑的细节就拿出文章来仔细揣摩。然后用听的方法迅速再过一遍，再发现新的疑惑再拿出文章仔细揣摩。一直到听着顺畅还能生发点新的感悟。第三种就不是听和看所能解决的了。技能从来就不可能是听来或者看来的，那得是自己练来的。如果不能区别对待三类知识，那就只能用庄子的那声"殆已"来作为结尾了。

不明白问题是怎么被解决的

越学越焦虑的根本原因是学了那么多，貌似什么都懂，可是情况却没有变好一点，一点实际问题都没有解决。可问题是怎么被解决的呢？问题都是被技能解决的，高超技能是怎么来的？是靠一万个小时，在舒适区和恐慌区之间的练习区当中一点一点精进来的。不是因为看了谁的文章，听了谁的课就能得到的。如果有人说他是这样得来的，那他在此之前肯定已经完成了技能的精进，他需要的是点拨。不要妄想学习就能解决问题，别再以为知识就是力量，知识从来就不是力量。只有能够跟你的基本技能配合使用的知识才是力量。

在全书的结尾处，我们分享了以成本意识为基本逻辑的用货币获得增量时间的方法。这同样也是一种借脑行为，只不过前面的几个方法用的是价值，这次我们更加简单直接而已。用货币来获取增量时间可以应用在工作和生活的方方面面，而不只局限于学习。我们用知识付费来讲述，不过是因为这个道具会让我们的讲述更加顺畅而已。最后，把这个最简单、最直接、最能立竿见影的方法交付在这里。让我们一起勘破时间的诡计，跟时间和解，让时间成为自己人生最大的底牌。